《柔击道》健康运动功法系列丛书

# 柔击术

何明清　拓跋俊飞　陈林华　主编

人民体育出版社

**图书在版编目（CIP）数据**

柔击术 / 何明清, 拓跋俊飞, 陈林华主编. -- 北京: 人民体育出版社, 2021 (2025.4重印)
（《柔击道》健康运动功法系列丛书）
ISBN 978-7-5009-6066-9

Ⅰ. ①柔… Ⅱ. ①何… ②拓… ③陈… Ⅲ. ①柔道–基本知识 Ⅳ. ①G886.4

中国版本图书馆CIP数据核字(2021)第162276号

*

人民体育出版社出版发行
北京建宏印刷有限公司印刷
新 华 书 店 经 销

*

880×1230 32开本 6.5印张 162千字
2021年12月第1版 2025年4月第4次印刷
印数：5,801—6,300册

*

ISBN 978-7-5009-6066-9
定价：26.00元

---

社址：北京市东城区体育馆路8号（天坛公园东门）
电话：67151482（发行部） 邮编：100061
传真：67151483 邮购：67118491
网址：www.psphpress.com
（购买本社图书，如遇有缺损页可与邮购部联系）

# 前 言

由华东理工大学非医疗健康管理研究所根据何明清先生所述而编撰的《柔击道》健康运动功法系列丛书之一健体篇《柔击术》出版了。

何明清，号清灵达泽，祖籍福建邵武，张三丰古太极十三式传人，是柔击功法集大成者，柔击道文化的创始人。

何师傅自幼天赋异禀，聪慧，敏思好学，3岁即被父母送至少林寺习武，师从少林寺高僧丁大师。青少年起一路研学，渐行渐悟，先后请教了80余位武学宗师，尤其是深得坊间鸟迹拳创始人郑礼楷大师的心传秘诀，浸淫多年，成功创造出“柔击术”——柔击生钢拳无影，具备养生和竞技双重功效的独到功法。在习武健身之余，他对中医产生了浓厚的兴趣，请教多位中医大家。至今习武行医几十年，巧汇各门派之精华，切入国医之精髓，悟懂百鸟百兽生存自然特性之道，仿其形、达其迹、守其要、取其真，自创柔击道健康运动功法和达摩棒体疗技法两项绝技。他把武学思想与传统中医理论相结合，经过多年的研习与实践，使之兼具养生和竞技双重价值。他深信人人皆可俯身修炼，防未病，强身健体，人人皆可托起返青长寿之绿苗。多年来，经何明清师傅调理的患者百千余，练习柔击道养生术防未病的受益者更是不计其数。柔击道以激发自身生命力与潜能为核心，调节生理机能，激发身体循环代谢再生，实现生命活力的重生，达到强身、健身、延年益寿的功效，成为名副其实的“生命加油站”。柔击道的愿景：得百岁命，成千秋业，传万代名。2009年何明清获得了卫生部颁发的医师执业资格证书。

华东理工大学非医疗健康管理研究所在多次见证柔击道健康运动功法效果的基础上，对柔击道功法进行系统分析，从体育、体能、健身、强身锻炼角度，深入研究了柔击道功法对身体机能的提升作用。邱竞阅、陈莉、丁超、秦嘉楠为本书的编撰做了大量工作，朱鹏拍摄了全套动作图像。

《柔击术》共有15章，主要介绍柔击道功法的理论体系、功法秘诀及基本动作。为落实体育强国的国家发展战略，该书本着“健康第一”的理念编写而成，旨在加强柔击道功法传播，促进体育健身活动，营造健身氛围，丰富21世纪国人体育文化需求，为社区健身提供更多选择，让更多人享受到养生保健的福利，为人们提供健康指导，推动广大群众行动起来，人人健身，天天健身，科学健身，得到更多的获得感和幸福感。

# 目 录

# 第一章
# 柔击术概说

## 第一节　柔击术的创立与发展

柔击术，作为一种集大成的传统武学功法，逐渐演变成一门自成体系的武学门派——柔击道。同时，柔击术也是一项强身健体的现代体育健身项目。如何让柔击道的理论与技能更好地服务于普罗大众，服务于“健康中国”建设的国家战略，是何明清师傅以及众多受益者多年以来梦寐以求的愿望。何师傅年轻时足迹遍布全国各地，拜谒了各路武学名师，博采众长，将众门派的武学思想与传统中医理论相结合，经过多年的研习与实践，创立了这套柔击道功法以及系列理论，兼具养生和竞技的双重功效。

据何明清师傅所述，柔击术的创立有其偶然性，也有其必然性。生活中遇到的一些事情和现象，往往让何师傅突发奇想，并结合自身已有的武学功底和中医学识，慢慢悟出其中机理，形成套路和理论体系。例如，小时候与伙伴一起在结冰的斜坡上追逐，大多数人都会摔跤，但总有极少数人可以保持平衡；大家一起抓泥鳅，由于泥鳅滑溜抓不牢，但总有少部分人就是擅长抓泥鳅；在狂风暴雨中，小鸟可以站在摇摆的电线杆上不被吹倒；北极熊在极厚的冰上可以用前爪来抓鱼吃；豹子奔跑与抓捕食物时可以爆发出惊人的速度与力量，等等。在道法自然的基础上，何师傅借助中医里的经脉知识，慢慢创立起一系列的基本动作，如含胸归元，既可以强身健体，也可以调理脊椎病、风湿病等疑难杂症，还对老年人走路磨地和容易摔倒等有预防功效。针对便秘，何师傅设计出“养藏功”动作，通过五脏的按摩增强消化系统功能，只要坚持练习两周以上，便秘就会得到较好的改善。针对肝和肺不好的人，何师傅又借鉴道家高人的“六字诀”，即“六字诀养生法”，这是远古流传下来的一种吐纳养生的方法。六字诀最大的特点是强化人体内部的组织机能，通过呼吸导引，充分诱发和调动脏腑的潜在机能来抵抗疾病的侵袭，防止过早出现衰老。历代医学典籍对此也有诸多论述，如《吕氏春秋》中就有关于用导引呼吸治病的论述；《庄子·刻意》中说：“吹响呼吸，吐故纳新，熊经鸟申，为寿而已矣。”何师傅还通过钻研，整合出6套柔击术动作，将“六字诀”结合到柔击术中，使其养生治病的作用和效能得到提升。此所谓道生一、一生二、二生三、三生万物。随着一个个基本动作的创立，柔击术功法体系逐渐开始丰富与完善起来。

艰难岁月里的辛酸经历，也同样为何师傅的武学造诣带来益处。曾经很长的一段时间里，为了填饱肚皮，何师傅做过多个工种的体力劳动，如沙石搬运工、木匠、泥水匠和茶农等。在搬运沙石时，面对成堆成堆的沙子和石头，当时能够使用的工具非常简陋，大多数情况下是靠着双手将石头一块一块地扔进车里。幸亏这段艰苦的经历，让何师傅把筋骨练得很强健。他感受到筋骨对于一个习武之人的重要性，所以他在柔击道的理论中非常强调筋骨强健练习。

此外，何师傅还深入研究过华佗的“五禽戏”。五禽戏是由东汉末年著名医学家华佗根据中医原理，以模仿虎、鹿、熊、猿、鸟5种动物的动作和神态创编的一套导引术，用于养生和强身健体。“禽”指禽兽，古代泛指动物；“戏”在古代是指歌舞杂技之类的活动，在此指特殊的运动方式。华佗五禽戏是中国民间广为流传，也是流传时间最长的健身功法之一，又称“五禽操”“五禽气功”“百步汗戏”等。据传，华佗的徒弟吴普依法锻炼，活到90多岁依然耳不聋眼不花，牙齿完好，最后活到百岁高龄。现代医学研究也证明，作为一种医疗体操，华佗五禽戏不仅使人体的肌肉和关节得以舒展，而且有益于提高肺与心脏功能，改善心肌供氧量，提高心脏排血量，促进组织器官的正常发育。作为中国最早的具有完整功法的仿生医疗健身体操，华佗五禽戏也是历代宫廷重视的体育运动之一。何师傅将五禽戏融合到柔击术功法的基本动作中，使得柔击道的理论内涵更加丰富。

## 第二节　柔击术的理论体系

何明清师傅在柔击术创立初期，结合对中国道家思想的感悟与理解，经常在习武之余亲近大自然，深入观察和模仿百鸟和百兽，并用道家的理论体系和中华传统文化精髓去解读各种不同动物的动作习性，逐渐创立柔击术。例如，观察猴子，发现猴子的身躯如同弹簧一样，在跳跃时主要用腰和五脏来发力，一蹬腿就出去了。那么，人是不是也可以利用五脏六腑的力量来配合四肢肌肉进行发力，从而实现瞬间身体力量的最大化呢？又如通过观察鸟类动作发现，鸟儿虽小，但站在电线杆上的平稳性非常强，何师傅便用诗句的方式写下自己的感悟——“要想拳法生翅膀，必悟术中所以然”，认为每一样事物都有它所独有的道理和精髓。此外，何师傅还对一些民间传统技艺保持着好奇心，他发现杂技演员能够用两臂的肘关节轮流托起又长又沉的梯子，于是就设计出“千斤弹顶”动作来进行反关节的练习。可以说，柔击术的动作理念就是仿迹于百鸟、百兽，通过模仿世间万物的动作形态来提炼人体运动所需的动作。何师傅认为，所有的肢体运动都脱离不了力与杠杆、身体结构、肌肉骨骼、人体平衡等。柔击术功法则特别强调组合力，当一个人的体力更强、骨头更硬、速度更快、肌肉组织更结实，那么他便占有全方位的胜率。同样，人体的重心平衡也至关重要，比如不倒翁，你打它它便倒，但随即又可以反弹回来。别人攻击你的时候，你把打在你身上的力通过身体动作化解掉，这个力就不会对你产生威胁，此力就化于无形了。人体其实与水面一样，击打平静的水面，水面就会泛起涟漪，水波四散开来，但随即水又组合在一起，恢复平静的状态。当人体被攻击的时候，全身无处不卸力。将飓风和旋风的机理运用到人体上也是奇妙无穷的。漩涡很厉害，拳头打到人的身上，把这个力旋出去就不会受到伤害，因此人的身体要追求更多的“漩涡”，这样才能随时化解来自外部的伤害。此外，柔击术练习还非常讲究“填补弱项”，要求强化练习人体最薄弱的地方，即练到人体平时练不到的地方最好，这也是“木桶理论”在柔击术中的体现。

许多武术大家往往喜欢闭门授徒，鲜与外界接触，认为自己既然是一代宗师，就应该将自己门派的武学奉为圭臬，不屑与其他门派进行切磋和比较。何师傅则不以为然，他对武学持开放态度，坚持海纳百川，有容乃大。他时常劝自己的徒弟去尝试其他门派的武功，多多益善、技多不压身。何师傅将各个武术门派的功夫精髓融合进柔击术的动作中，如揉肩磨磨动作，就是把思想集中在肩膀上，以内脏带动身躯、身躯带动肩膀、肩膀带动手臂来回旋转。此动作是极为常见的基本健身动作之一，对肩周炎和颈椎病的康复大有裨益。太极拳的拳法里有“含胸拔背”一说，即将胸含进去，背就会拱成一张弓，背部的经络便拉开来，非常有张力；“含胸归元”，则更讲求四肢与胸、背的配合，讲究脚趾抓地和自然呼吸。据何师傅所述，随着动作的演练，体内的气息要跟随着胆筋、肝筋、膀胱筋、五脏，让气息在身体内不断游走，如果练到外在武术动作如同翩翩起舞一般，那便练成了真正的太极拳。中国功夫所有门派的理论体系都离不开五行和经络，只是各门派的表现形式不同而已，千拳万腿却都归于人体本身的奥秘。

何师傅认为，少林功夫的一个核心理念就是“腰无所阻，虎背熊腰”，即讲究人体核心力量的练习，要求以根为尊练出精髓，强调劲道、速度和准心。核心力量练习就好比盖房子打地基，之后每个动作其实就是要讲究平衡，不光是拍肩和揉肩，所有动作都讲究平衡。人体的发力点其实不会太多，也就十余处，人体的平衡点重在下肢和躯干，所有动作都要求刚柔并济，通过重复练习刚柔，全身松紧发力才能生根，五脏六腑强健了，力道才能传达到手掌上来，水满自溢，力量会一层接着一层递增。

概言之，柔击术能够博采众家之长独成一派，重在其理论体系的一脉相承。柔击术传承和发扬鸟迹门武学哲理，非常讲究拳路仿百鸟，仿其形、达其迹。形在于偶意而已，迹亦在于百鸟独到之灵处，类似于弹跳飞奔，争食夺位，相扑周旋中足迹所至以求其发力点及力位之变化，以为本拳真意。拳法比较，可以说是力与速度之较量，运用得体以为拳。力之所生、所储、所发、所弃在于用，用之得体而得法，法立为练拳之根本。知拳者，实乃知力也，知其然且知其所以然。因此，拳法之练在于力之剖析，以人体原在之能促成人体具备之能。柔击术拳路也是仿之百鸟与百兽，仿其形、达其迹，讲求根固为纲、力达为目、封手夺位为要。何师傅通过苦心钻研，将鸟迹拳的中心思想及精华糅合进柔击术的理论体系中，极大地丰富了柔击术功法的内涵。

在与卢氏结构拳法的接触与切磋过程中，何师傅深刻体悟到螺旋力在武术中的重要作用。螺旋力的运用主要有两种：一种是以蓄力状态自转攻防，可使对手的来力落空而失重，其力如打在飞转的车轮上；另一种是发力于对手，其力如旋转着钻入岩石的钻头。螺旋力的应用应注重两点：其一，其运动要领是在总重心自转的同时，由脊柱带动骨架的各关节一齐转动；其二，运动轨迹不能仅仅是横转，还应练习竖转、斜转、正转、反转等多种形式。正面螺旋不仅是变面和双臂竖转，而应是总重心和脊柱、肩、胯等各关节都要竖转。同时需注意，发力需以脊柱之内劲去削切对方中心，万不可只是用手转其间架，竖转为劈拳、反转为削拳、横转为圈捶、斜转为斩手。简而言之，一切形式产生的单向力都要尽量避免，其发力最好是浑圆力和螺旋力的组合，劈、崩、炮等单操动作只是无意识的空间形式。历代拳家皆奉螺旋力为不传之秘，但真正掌握此功法和功力的人并不多。其力如车轮切削，所遇之物无不被离心力击出。对方若主动进攻，一旦与我方间架相融之，刹那间会产生一种不可抗拒之力，令对手反弹而起，挨身即被摔出。此功精熟之后，在实战中无论对手来力如何凶猛，一经接触即会化为乌有，在守方尚未发力之时，攻方即已失去重心。一旦习得此功，所有拳法及器械的发力，均可获得事半功倍的效果。这些特点皆可在柔击术功法中窥见。

然究其本质，柔击术的理论基石主要来自人体运动科学，如重心、力矩、平衡、杠杆等。首先，柔击术练习讲求科学的规律，不科学的身体运动则会受伤，正如中医所说，久动伤筋，动多了则为伤；久坐伤肉，不动则为阴，阴是静止的，阴阳不平衡身体自然会受损；如果不运动并且吃得又多，则会引起新陈代谢不畅。其次，柔击术各个基本动作其实是道法自然，无论猴子、老虎、豹子、大象，抑或蚂蚁，内在的动力源都是五脏，五脏就是身体运动的“马达”。因此，五脏六腑可以说是人体的根基，如果脾胃不好，就会影响到整个人体，运动和竞技就会受到限制。所谓肺属气、肝藏血、血养精，是有着无穷力量的体系。肾阴肾阳，具备人体的再修复功能，即所谓的重生功能。正如皮肤破损会流血，五脏也相互牵连，肺不行，肾也终受其害。五行学说中以五脏配五行，即肝与木、心与火、脾与土、金与肺、水与肾。五脏也存在相生相克的关系，只有和谐相处才能整体提升。如果五脏失调，出现五行太旺、不及或反侮，必定导致身体疾病的发生。柔击术充分融合中医的五行学说，将身体运动与调理内脏紧密结合。故此，练习柔击术必先练五脏六腑，再练筋骨皮，循序渐进，逐步到全身，从而达到事半功倍的效果。

练习柔击术对于场地环境的要求不高，也无须任何辅助器械，只需一个做课间操所占的空间（3～4平方米），即可训练全套动作。练习柔击术时，思想和灵魂放在肩膀上，身体就可以“柔”起来，这是最朴素健康的自然健身养生技法。身体练习最难练的是胸膜，胸膜越强壮，人越长寿，五脏六腑的挤压和全身骨骼的运动都能够促进气血的流通。柔击术的起势动作就是“含胸归元”，这一个动作需要练习2周，每次能坚持3～5分钟之后，便开始练习“明清桩”和“涅槃重生”。“涅槃重生”需要坚持练习4个月，练好之后能够极大地促进新陈代谢，提升消化机能。柔击术功法全套体系仅有10余个基本动作，有时是需要对练的，但每个动作稍加调整，也可以演化为成百上千个套路动作。

## 第三节　柔击术功法秘籍

**柔击术秘籍**

物乃自然成自由，拳法此路为首条。

拳路万种各有形，定律一脉总相承。

练时无人当有人，用时有人当无人。
拳本有法也无法，技之有框也无框。
拳术讲武也讲理，要讲教人也教己。
拳理不通终不成，南辕北辙误死人。
盛气凌人艺不进，貌不惊人存上乘。
练拳莫满各见长，忽视一穴溃堤防。
拳威有用并非术，练拳应练技中物。
拳路侥幸不可有，练用应思对高手。
拳不在形而在势，势又在力力在变。
品酒同色不同度，选拳同式不同动。
幻骗假手莫当功，十遇上乘九落空。
真功耐阵不耐看，拳花耐看不耐真。
拳术不单软硬拳，分如小草和如松。
拳一比门二比技，三才凭力莫倒置。
高手比技位夺位，庸手比力捶换捶。
拳势要练中弱密，拳力要明我友敌。
练拳要长拳限度，练力要短拳力动。
明师练拳重内俯，庸手肢支满天舞。
练拳力势一气成，临阵应变看行情。
练拳严行站走跳，循序渐进终成料。
好手成基多力向，劣手无基步乱窜。
练拳不要铁成花，雕弓易折势必垮。
拳要胜人圈中赢，圈外舞死不击人。
练拳莫练脱手捶，跟手追力逼人危。
腿疾无知道路近，拳密如雨也奔命。
练拳莫练绝招步，有招无招一生误。
不怕绝招人不及，只怕素手实大实。
拳练败势尺让丈，战夺优势分争寸。

初学莫贪打虎步，只练对手跟一浮。
始进百丈不为难，后进一寸十把汗。
拳按点线面和体，分即为散合即起。
拳起全身圆叠圆，硬如铁块软如棉。
千拳万脚归一体，杆倒枝随叶莫抵。
拳打十年无意识，好弓再强不着地。
练拳深究中庸步，步步贯通不绝路。
内动寸点外动尺，点带圆弧如卷席。
高师出手城先起，庸手开捶不顾己。
莫用高难抵小敌，切记小技消大力。
前势如橹后如舵，退似轻网扑似萝。
一框一世学不完，一动万发还不全。
要使拳法生翅膀，必悟术中所以然。
苦练三年拳生风，再动一脑马行空。
拳有相连又对立，为主法则必相适。
猛冲狠打阵上将，储力蓄势坐帷帐。
手上生风腰上功，腰上有功全身松。
拳无循环万招空，圆满周身路路通。
临阵测距在目真，交手万变靠神经。
外形要简出手稳，内变要繁身似轮。
松手遇力不冲根，紧身锁地根力生。
松紧发力势不败，开合对锁桩位在。
快拳击人在力疾，慢力制敌节节逼。
苦练不忘法为天，胜人只在谈笑间。
手上不僵身先起，足下不活因胯死。
起如炸豆力频发，解如推沙善走化。
攻以刚胜人必通，须知无柔刚也空。
力生有依态不拘，形若破体势必虚。

力有三护放开手，势成三掩开一口。
静如宿雁起如惊，灵生意感力应心。
柔起生刚拳无影，刚刚相抵等于零。
攻不知门拳斗狠，防能辨向手神通。
以肩带手力度强，以肩算距力臂长。
浮身吊臂势吞天，摆股摇胯天半边。
艺浅有穴莫能为，功深无穴无脏碎。
练拳难得满身痛，有痛有得终成龙。
虎失一爪威不猛，力松一势不共震。
初生拳手一生胆，老练拳师一算盘。
身弯手玩力之源，初速加速力似泉。
练力不单大与小，力态多变人不晓。
拳法要明平斜面，化似滑坡击不偏。
不贪拳路招式多，只求遍身多漩涡。
接手成片势成围，势能推舟方起捶。
拳势求圆滚如铁，靠无凭栏踏无阶。
基功实而层楼起，拳妙全存基功里。
文句难表拳中技，道清一拳万行字。

—— 何明清 郑礼楷

# 第二章
# 柔击术之“明清桩”

## 第一节 明清桩释义

《拳论》说：“两膊相系，两腿相随，紧要全在胸中腰间运化。”含胸即胸部的“蓄势”，含者，内含也，是谓含胸。一种姿势是双手放在腿上，两侧肩胛骨向下松，再向左右略撑开，之后再微向前，从侧面看像含着胸一样。含胸的同时背部是自然往外凸的，形成圆弧状，即是拔背。含胸拔背也是中医学用语，《医宗金鉴·张仲景》“旋覆代赭石汤方”方解引罗天益曰：“此胃虚气失升降之法，复用此法理之，则胸中转否为泰。其为归元固下之法。”“含胸归元”便由此而来。

“明清桩”是柔击术功法练习最基本的起势动作，含胸归元也指练习时身体所达到的一种状态。含胸即胸部是往里凹的，含者，内含也，是谓含胸。此时的背部是自然往外凸的，形成圆弧状。此外，尽量做到头顶与尾椎保持在一条直线上，也表明“归元”有归元固下之功效。“明清桩”这一体态，深刻地反映出中国传统武术和养生功法受到传统社会价值取向的影响，在基本理论层面又充分体现了我国阴阳五行学说，以及内外合一、整体圆融、直观体悟的基本要求与精髓，由此表现出一种守内、崇实、尚礼和自娱、养性、修身的鲜明民族特色。“明清桩”动作遵循了中国传统武术功法讲究腰围与大腿呈正三角阴性体型的基本理念，重在人体重心稳固，讲究上虚、下实、中间灵，突出下盘功夫，要求把握好圆融、劲路、态势、时机。强调胆识谋略，往往先让一步、留有余地，做到有理、有利、有节，进攻时又必须稳、准、狠，同时还包含着“恋土归根”的农业民族情节。

## 第二节　明清桩动作要领

### 一、起势动作基本要求

“明清桩”为柔击术功法的基本起势动作，是所有动作的基础，只有完成高质量的造势动作，才能展现出本动作以及整套柔击术养生功法的魅力。

所谓起势动作，即是脚趾抓地，脚心受力，双脚距离略比肩宽，自然站立，脚尖朝前或稍稍内扣，大腿呈半蹲姿态，大小腿角度约为120°，膝盖不要超过或者略微超过脚尖。与“扎马步”不同之处在于明清桩起势动作要求胯向前顶，臀部内收成紧致状态。

一般而言，脚心受力最为舒服，全身力道可以贯通。而以前脚掌受力者，必定前冲，以脚跟受力者，必定后仰。正所谓，大凡以脚掌受力，不能抗牵力，以脚跟受力，不能抗推力，只有以脚心受力，才能站得稳稳当当。最佳的站立感觉是身体重心与脚心在一条直线上，力量绕过小腿外侧，从大腿内侧而上直达胸前，与手臂的发力起点相合（图2–1）。

图2-1　“明清桩”的正面和右侧面示意图

**动作要领**

属于锻炼的准备动作，重在舒展，调整呼吸，站桩的同时从上到下意念一遍全身的肌肉，背部肌肉稍拉伸，以减少锻炼时背部拉伤的风险。自然呼吸，也可尽量把肺部的废气充分排出。上臂抬起，前臂放松，双脚比肩略宽，双膝微屈，大小腿呈135°。刚开始练习时要量力而行，不能太久，超过1分钟容易造成肌肉僵硬。

## 二、“明清桩”的基本要求

含胸，含者，内含也，是谓含胸，此时的背部是自然外凸，形成“弓”性，呈现圆弧状。双手自然抬起，与肩同高，手肘稍屈呈现环抱状，此谓归元。“含胸”和“归元”是浑然天成的，能含胸就能归元。含胸是背部自然拉开，胸部自然内收，两肩骨节自然向前提，自然呼吸，随着动作的变化，胸肌作左右弧形下沉；归元是当胸内含时，背部肌肉自然拉伸，而两肩中间的脊骨鼓起上提，不是向后拉之意。这就是“明清桩”的基本动作要求。

## 三、练习的目标与进阶

初时不宜久站，能站1分钟已属不错，但贵在坚持。当突破1分钟之后会有明显的进步，练习14天后能站3分钟则基本达标，能站5分钟则可达到最佳状态。继而循序渐进，开始练习“养藏功”动作（柔击术第二个基本动作）。

“明清桩”动作还可以提高到进阶版，即身体扭转90°，单脚支撑整个身体进行练习（另一只脚只须轻微着地），以达到3分钟为目标。也可以身体不扭转，做金鸡独立式的单脚“明清桩”，同样以3分钟为目标。

## 四、练习感受

练习之初会感觉动作难度大，如双脚酸痛、胸含不进去等，每次坚持不到1分钟。练习一段时间则会慢慢好转，酸痛感不日则消，一般可以坚持3分钟左右，心情也会特别舒畅。在练习中要记得排除杂念，自然呼吸，身体舒松自然，切勿操之过急，急功近利。练习10天后自然全身经络疏通、气血甚好，练习者手背和脸上气色会有较大改观。

### （一）动作注意要点

脚：脚比肩稍宽，双脚站立的距离要求是两肩外部的地面投影正好在双脚的内侧，双脚掌站立要求平行直前，脚趾抓地，千万不可外八字站立。

腿：小腿与地面大致呈90°，大腿稍屈，与小腿约呈

135° 。特别注意：膝盖的地面投影最好不要超过脚尖。

胯与臀：向前提胯，臀部肌肉收紧。

骨盆：骨盆呈现后倾之状。

背：从尾骨到胸椎最大程度呈现半圆形弯曲，使得背部肌肉得到最大拉伸。

肩：肩部尽量向前方耸起，使得背部充分拉伸张开。

手臂：呈环抱状，手臂抬起，与肩部平齐，掌心朝内以形成环抱之状，内聚而归，固本培元。

呼吸：自然呼吸。

受力点：在膝盖之上。

### （二）错误动作注意

膝盖超过脚尖。当膝盖超过脚尖时，膝关节（韧带、关节软骨、半月板等）承受的压力就会明显增大，容易造成膝关节的损伤。

双脚呈现外八字，容易造成膝盖与脚尖的方向不一致。膝盖内扣，可能造成膝关节周围韧带和肌肉的用力出现偏差。足尖微微内扣紧贴地面以分解膝张力，足底与地面成圆弧，有如摩擦片的粘合作用，把地面与脚掌紧紧粘住，达到根固不浮。

髋关节和臀部呈后坐之状。臀肌不能收紧，达不到疏通经络的作用。

## 第三节 明清桩运动人体科学解读

“明清桩”是柔击术功法练习的基本动作，从人体运动科学的视角来看，“明清桩”使得人体背部、大腿前侧肌肉得到了充分的锻炼。“明清桩”一般是平缓的圆形、弧形和螺旋形动作，它符合身体各关节的运动规律。如肩、肘、腕、髓、膝、踝等都是圆形，好像球形铰链一样，保证了身体的灵活运动。身体活动本来是多种多样的，不过以圆形活动最为自然，即所谓“只求人体多漩涡”。“含胸归元”的各种圆形、弧形和螺旋形动作能使人体诸多关节都得到锻炼和均衡发展，同时也使较多的肌肉群一同参与活动，尤其是能使人体平时很少能锻炼到的微小肌肉得到发展，这有利于促进静脉血液回流心脏。此外，由于圆形动作的变化复杂多样，对训练中枢神经系统，逐步提高神经系统对全身各器官的调节机能也有良好的作用。

## 一、屈膝挺胯壮下肢

屈膝则使大腿的后部肌肉处于松弛状态，骨盆保持平衡，髋关节易于转动，从而保证了腰髋关节转动自然。腰关节灵活，是活动腰的关键。人体处于正常直立情况下，一旦受外力的冲击或动作演变都会呈现倾斜姿势，这个姿势形成三种力：一是身体的重力，二是失重力，三是外力，都落在膝盖处。此时，膝盖处的肌肉如果十分脆弱，又处于弯曲姿态，则难以经受三种力的压迫，负担不住便会摔倒。比如，小儿跌倒就容易摔伤膝盖，成年人容易得关节炎病，并且经常膝肿如包。人常说：“脚骨硬，拐杖不离，并非它处，此乃是膝不能弯之故，膝弯之弱跟不上人之寿命也。”因此，克服膝弯的诸多弱点便是本功法练习的重点，依法苦练，增进它的适应力，力就有根。根固为柔击术功法练习之本，因此必练“双勒马”造身势。重力落膝位不支而发关节炎痛、坐骨神经痛者，不妨试蹲此“明清桩”，半月即有成效。

挺胯主要指腰髋。骨盆主要由髋骨和尾间骨组成，髋骨下连大腿（股骨），尾间骨上接腰椎，因而骨盆的发育成长对人体健康的作用十分重大。能把臀部姿势做正确，对腰腿的灵活、下盘的稳固等具有重要作用。

骨盆后倾，是在髋关节松活下，膝关节微微内收。骨盆内前提是指裆部轻轻上提，即是轻轻收缩肛门肌肉和臀大肌，练习一段时间后就会感觉肌肉随着呼吸张弛起伏，臀大肌会很酸胀，核心增强，使得整个身体更加稳定，臀部及腰部更加稳固有力量。

“其根存脚，发于腿”，是指腿部是支撑身体的根基，以及劲力发动的根源。腿部姿势的好坏，关系到全身姿势是否正确，动作是否稳定，呼吸是否顺遂，以及劲力是否完整。有人说，脚是人的第二心脏。“明清桩”的着力点在于大腿前侧，长期练习可使得大腿肌肉强硬如钢铁。

有句话说：“人老腿先衰。”由此可见，腿部肌肉对人体的重要性。“含胸归元”的起势动作，对下肢力量、平衡感要求较高，对下盘功夫的要求更高。无论什么样的拳法套路，运用力量的来源都是大地，而连接大地的关键就是腿脚，所谓“四肢抓力里根深”。因此，要把柔击术功法练好，与“明清桩”基本功的完成度是密不可分的。下肢扎得稳，腰力发劲，精神饱满。下盘不稳，力从何处发?

## 二、伸腰屈臂强上肢

如前文所述，“明清桩”动作一般是平缓的圆形、弧形和螺旋形动作，符合身体各关节的运动规律，保证了身体的灵活运动。同时也使较多的肌肉群如肩部肌肉群、背阔肌的拉伸肌肉群等，都不同程度地参与活动，有利于静脉血液回流心脏。由于圆形动作的变化复杂多样，对训练中枢神经系统，逐步提高神经系统对全身各器官的调节机能也有良好的作用。

“含胸”要求胸部不凸出，胸肌松弛，能含胸自然能拉伸背部。脊背舒展自然，胸间松开，又能呼吸舒畅，有利于血液回流到心脏。

伸肩屈肘，关健的是伸肩。肩是人体极为重要的部分，三角肌把上臂同肩胛骨和锁骨连接在一起，胸大肌又把肱骨、胸骨和锁骨连结起来，所以做全臂运动，同时又是胸和背的运动。肩部三角肌得到锻炼，背部高度拉伸，从而达到上体轻松，下肢沉实稳当。肩不要僵硬，肘关节要保持微屈，与肩同高，其目的是更好地锻炼肩部和手臂，自然呼吸，腕宜松活，掌指随之微微弯曲，呈环抱状，这样有利于血脉畅通。转腕屈臂松腹，松腹才能保持呼吸深长匀静，加大腹式呼吸或横膈膜运动，使腹内压变化加大，从而使腹内脏器得到“按摩”。

## 三、力由脊发

人体的胸和背，即胸廓的前壁和后壁，是前后对应的两个部位。胸廓是由12个胸椎、12对肋骨和肋软骨、1块胸骨，以及关节和韧带装置构成。成人的胸廓近似前后略扁的圆锥形，上窄下宽，其结构有相当的稳定性和牢固性。在胸廓中，2~7肋软骨与胸骨构成胸肋关节。肋骨的肋结关节面与胸椎横突凹构成肋横突关节，其肋头与相邻椎体旁上下肋凹构成肋头关节。胸椎相邻椎体之间由椎间盘连接。每个胸椎的1对上关节突与上位胸椎的下关节突相关节，还有1对下关节突与下位胸椎的上关节突相关节。整个胸廓除了12个椎体间的椎间盘连结之外，其关节多达80余个。这些关节多属微动关节、联合关节；某一关节的运动通常会引起另一关节的运动；各个关节的运动都有着力学上的相互关系，正是“一动无有不动”。“含胸归元”完全符合机能解剖学原理。“身备五张弓”，两臂，两腿加身弓。从生理结构上来讲，臂与腿跟身体躯干之间，存在着众多联结点。两臂、两腿的弓，是由“肘与膝”关节的撑拔，通过大筋崩起实现的，脊柱由多节脊椎构成，所以整个脊柱就是人体的“弹簧”。

“力由脊发”并非柔击术功法的专有名词。按字面解释，即力量从脊柱发出，但这是浅显的意思，具体在柔击术中的运用，情况要复杂得多。“力由脊发”的力，在柔击术功法中指的是劲力，而不是我们平时所用的肌肉力，前者是多向力，后者是单向力。脊柱到底是如何发力的呢？内家拳中有“身备五弓”之说，其中一张弓，就是指脊柱，这也是最难把控的一张弓，从颈椎、胸椎到腰椎再到尾闾都要具备一种弹簧般的力量。圈劲是连接关节与关节之间的重要线索，可使关节环环相扣，整体如弹簧。做好“力由脊发”，需以腰为主宰，腰就好像是手拉弓的那个点，它的正确使用非常关键。当然，在上身要做好腰部动作，还必须与“含胸归元”紧密配合。发劲是身体整体协作运动的结果，单纯的脊柱发力仍是一种局部劲力，虽也具有一定的发力效果，但离柔击术功法想要达到的“四两拨千斤”的效果还有较大的差距。拳论说：“其根在脚，发于腿，主宰于腰，形于手指，由脚而腿而腰，总须完整一气。”也有人提出：“劲起于脚，主宰于腰，灵通于背，形于手指，发于脊骨。”这些都说明劲力有一个节节贯串的过程，在此过程中，周身各个部位都参与其中，并且几乎是同时发生的。发劲是瞬间完成的动作，但却是长期操练的结果，如果发劲时还刻意遵循“根在脚，发于腿，主宰于腰”之类的顺序，实际上仍是把“一气呵成”的动作给分开来练了，效果可想而知。要做好“力由脊发”，离不开平时大量的正确练习。练习时最好有师傅的指导，师傅引进门，然后就要靠自己慢练体会。慢练是必不可少的方法手段，体会则要靠长期的实践与自身领悟。像柔击术功法这种细致入微的运动，不经过身体力行的体会是很难豁然贯通的。

“脊柱”又称“大龙”，人体开合崩弹、回转盘旋皆赖于此。人身有两处部位必须要练，一是胯，二是脊柱。胯之翻转，脊之崩弹，合称龙虎之劲。“胯”是人体运动的核心，与“脊柱”相连接，构成运动组合，两者相互作用，如同一体。脊柱是多关节连接，每个关节之间皆由“大筋”相连，既可以撑拔拉伸，又可以压缩成弓，能够有“皮筋”般的纵向崩弹劲力，又具备竹竿般的压弹，可铸就四面八方之势，是人体起落纵横的关键元素，其连接于“胯、肩”之间，是胯劲延伸的必备条件。看动物奔跑，内脏的前后冲撞与脊柱一起拉伸收缩，从而将劲力传递至四梢，能够快速窜进，实质是“胯、脊”之动，以根带梢，是根节劲力，更是整体劲力。正所谓无“压”不成功，平时要善于借助肩压、胯升使脊柱能像弹簧一般，模仿动物捕捉之势，必有所得。

“明清桩”说到底，也就是为脊柱拉伸成弓服务的。尾闾前收而上拔，两肩压而沉，脊自然支撑，节节挣开，如蓄势之弓。

## 第四节　明清桩养生功效

### 一、站桩与足部康养功效

首先，“明清桩”讲求足底劲道与五趾抓地，因此能够对涌泉穴（足底）产生较强的刺激，按照中医理论，此举对神经衰弱、精力减退、倦怠感、妇女病、失眠、多眠症、高血压、晕眩、焦躁、糖尿病、过敏性鼻炎、更年期障碍、怕冷症、肾脏病等疾病的预防与康复具有一定的功效。

其次，“明清桩”会对大敦穴（位于大脚趾）产生刺激，此穴位为人体足厥阴肝经上的主要穴道之一，因此，站桩对缓解目眩、腹痛、肌肋痛、冷感症等均有益处。除此之外，自古以来大敦穴也被视为镇静及恢复神智的要穴。

第三，“明清桩”还会刺激太冲穴，因此对肝脏病、牙痛、眼病、消化系统疾病、呼吸系统疾病、生殖系统疾病等具有一定疗养效用。

此外，“明清桩”还能刺激行间穴，有利于宿醉不适、眼部疾病、腿抽筋、夜尿症、肝脏疾病、腹气上逆、肋间神经痛、月经过多、粘膜炎等疾病的防治。“明清桩”也能刺激太白穴，而太白穴是脾经要穴，善于升脾阳清气，令人晨起有头、目清爽感，以物示意，故名太白。因此，该穴能治各种原因引起的脾虚，如先天脾虚、肝旺脾虚、心脾两虚、脾肺气虚、病后脾虚等，并有双向调节作用，如揉此穴腹泻可止，便秘可通。

## 二、站桩能祛湿驱寒

“风湿相搏，骨节痛烦，掣痛不利屈伸。”中医典籍《金匮要略》这样形容风湿病。国际上把风湿性疾病作为一门独立的医学研究已有百余年历史，1927年世界五大洲成立了国际抗风湿联盟。在中国内科学中，风湿病学是最年轻的一门临床学科，1985年成立了中华风湿病学会，在此前后，国内几十家大医院先后成立了风湿免疫科。经过几代风湿病大夫的努力，中国的风湿病诊治水平正在赶上世界先进水平。

风湿病通常认为是具有遗传倾向的个体，在特定环境危险因素（接触化学物质、病毒感染、紫外线照射等）下，出现机体异常免疫，导致关节及关节周围软组织和弥漫性结缔组织病，不仅表现为关节疼痛，还会有内脏损害。湿气重的环境容易致病，生活在这种环境下的人生活条件比较差，体质差，加之潮湿环境下容易滋生病菌，感染后则容易诱发风湿病发生。2014年，北京大学人民医院、北京宣武医院和北京大学针对我国8种常见的风湿性疾病的流行情况做了一项大规模横向研究。研究表明，在过去的20年里，类风湿关节炎（RA）持续存在，且中老年女性患病率高；痛风患病性别存在差异，男女比例为9∶1。

类风湿关节炎是一种慢性全身性疾病，因其病因尚未解析，又无理想的治疗方法，所以在依赖药物治疗的同时，还要注意加强康复关节功能的练习，以避免或延缓关节僵硬和畸形的发生。在关节功能的康复锻炼时，一定要进行整体锻炼，这样就可能保持整体关节、肌肉的平衡。

运动疗法的适应症为：患者的血沉低于50mm/h；体温在正常范围；急性活动期关节炎症消退。凡完全具备这3项的病人，无论关节疼痛程度如何，都应进行适当的运动疗法。

柔击术练功疗法属于传统的运动疗法，具有“调身”“调息”“调心”相结合的特点，使身体运动、呼吸运动和集中思维的锻炼有机地结合，能起到调整和增强身体功能的作用，适宜于慢性疾病的长期锻炼，长期坚持有利于锻炼病人耐力。“含胸归元”锻炼可以起到使关节运动保持在适度的范围，避免僵直挛缩；防止肌肉萎缩，保持肌肉张力；促进全身血液循环，改变局部营养状态，保障骨骼肌肉和脑细胞得到充足的营养，消耗大量的能量又可加速细胞更新速度，促进消化系统循环；振奋精神，增强体质，增强康复的信心；有利于五脏六腑气血功能的保持与加强等作用。柔击术运动疗法的目的是保持或改善病变关节的功能和运动范围，防止肌肉萎缩，使病人精神振奋，体力增强，唤起与疾病斗争的信心。风湿病作为一种常见的疾病，到目前为止，疾病的发病原因具有一定的复杂性，想要治疗好风湿病，还需要全方面、多角度做好考虑。风湿病在最佳的时间治疗，不仅可以提高患者的生活质量，坚持练习“明清桩”甚至可以治愈。

此外，“明清桩”练臀、腿，还可以提高骨盆的稳定性。骨盆稳定后，周边的循环系统自然得到改善，脚冰凉的问题也会逐渐消失。循环系统好了，还可以改善和预防女性妇科问题。

## 三、站桩与四肢保健

“伸手力势是源泉，脚上申根腰肩功。”“手腿生风腰上功，腰上有功全身松。”“明清桩”对于四肢（手臂和大腿）的锻炼在前文已有阐述，这里就不再赘述。正所谓“人老四肢先衰”，四肢的强健，是对生命的延伸。“明清桩”练习能促使全身血液循环，保障骨骼肌肉和脑细胞得到充足的营养，促使骨骼变粗，骨质密度增厚，抗压抗折能力加强。运动能促进生长激素的分泌，使骨骼、肌肉、大脑发育得更好，进而享受活力四射的生活，高效率处理生活与工作方面的事物。尤其是老年人坚持练习“明清桩”，行走起来双腿有力，脚步将变得更加轻松快捷。

## 四、站桩与瘦身减肥

“明清桩”使肌肉尽可能地纵向伸展，这样脂肪就能从细胞周围消减，改善物质循环，促进细胞的分裂与更新。随着年龄的增长，我们体内新陈代谢的速度也将自动地随之减缓。持续练习“明清桩”姿势，能保持体内新陈代谢的速度，消耗体内多余脂肪，从而减轻体脂重量，降低体重指数，达到减肥、控制体重的效果。它对消耗脂肪，尤其大腿部位的脂肪，肌肉细胞密度的增加，肌肉结构的重组效果显著。能调动自身潜能，依靠自身力量去改善形体，健美形体。

## 延伸拓展：

中国传统武术太极拳之“含胸拔背”与柔击术功法之“明清桩”有异曲同工之妙。但太极拳讲究的是中庸，做任何动作都不能过分，所谓“无过不及”，就是要恰到好处。含胸塌腰做过分了，会形成驼背弓腰的错误姿势，违背太极拳立身中正的要求。所以太极拳的首要要求是立身中正，在此条件下，再做到圆裆松胯、含胸塌腰。而柔击术“含胸归元”练习时要求尽自己最大努力使得背阔展开，臀部内敛，强调极力，与太极含胸拔背所倡导的适度有所不同。不同的功法成效唯有自身体验才能悟明，此处不作详尽对比。

# 第三章
# 柔击术之“养藏功”

## 第一节　养藏功释义

“涅槃重生”，意指凤凰经历烈火的煎熬和痛苦的考验，获得重生，并在重生中达到升华，故又称“凤凰涅槃”。

“涅槃”又译为“不生”“无为”“无动”。凤凰涅槃传说中，凤凰是人世间幸福的使者，每500年，它就要背负着积累于人世间的所有不快和仇恨恩怨，投身于熊熊烈火中自焚，以生命和美丽的终结换取人世的祥和与幸福。同样，人类在肉体经受了巨大的痛苦和磨砺后才能得到更美好的躯体及精神的重生与升华。《涅槃无名论》中记载：浩然大均，乃曰涅槃。将浩浩然物我一心，就是涅槃。涅槃重生就像是人的新生一样，回归于重生婴儿的体态、息态和心态。

涅槃重生，体态如若婴儿一般。“专气致柔，能如婴儿乎？”提到婴儿体态和成年人的优势，主要有关节松开、柔软松活、周身圆活一体等。柔击术功法的基本要求，即是在放松的基础上，立身中正、含胸塌腰、屈膝松髋等。

涅槃重生，息态如若婴儿一般。婴儿的呼吸，主要是腹式呼吸，吸气的时候腹部鼓起，呼气的时候腹部收缩。要做好调息，在调身的基础上，放松呼吸，让呼吸逐渐恢复下沉。在立身中正的基础上，尾闾松垂，逐步达到命门松平，丹田松膨，做到丹田下腹可以开合鼓荡。

涅槃重生，心态如若婴儿一般。婴儿重生注重身心的调节，即调心。复归于婴孩，要随缘应物，事来则应，事去则净，应常清净矣。关注于做好调身调息的诸多要领外，还要做到不攀缘外物、不滞留于内在。

“婴儿”注重调身、调息、调心，久而久之，内气滋生，犹如凤凰涅槃不畏痛苦、义无反顾、不断追求、提升自我的执着精神。

养藏功便是涅槃重生的锻炼方式，通过修复人体的五脏六腑，以达到内气滋生，强身健体之功效。

## 第二节　养藏功动作要领

### 一、静态

双脚开立，略比肩宽，大腿与膝关节呈135° 左右，半蹲，脚尖朝前稍内扣，膝关节不超过脚尖。

髋部向前用力顶出，身体呈含胸姿势 。

双手手背相靠，微微提肩，手放置于肚脐位置。

思想集中，呼吸自然均匀，呈重生状。

### 二、动态

由含胸状，髋部用力，腰椎向前，使胸椎曲度拔直，上顶，拉开拉长，掌心向前放置于髋部两侧，呈重生之状（图3–1）。

图3-1　“养藏功”的正面、侧面示意图

**动作要领**

腿同“清明桩”的站立方法，双手置于腹前，以肘关节为运动轨迹，深深地往后舒展，然后往前内扣，配上呼吸，外扩舒展时吸气，内扣时吐气。同时旋转身体，往左、往右继续这个动作。

健身修养之功效：吐旧纳新、运动核心肌群、促进内脏血液循环。

## 三、练习方法

### （一）基本练习

3次涅槃为1组，重复60次。

双脚开立，略比肩宽，大腿与膝关节呈135°左右，半蹲，脚尖朝前稍内扣，膝关节不超过脚尖。髋部向前用力顶出，身体呈婴儿姿势，双手手背相靠，微微提肩，手放置于肚脐位置。由婴儿状，髋部用力，腰椎向后，使胸椎曲度拔直，上顶，拉开拉长，掌心向前放置于髋部两侧。此为一个完整婴儿重生动作。

### （二）延伸练习

变化发力婴儿动作，2次轻发力与1次重发力结合为1组，重复60次。

### （三）易出偏差

两脚开立过大，膝关节超过脚尖。

发力僵硬，不协调。

驼背、脊椎后仰。

### （四）可能出现的错误动作

#### 1. 下蹲膝盖过脚尖

下蹲过程中膝关节超过脚尖，会造成大腿骨和小腿骨之间（股胫关节）以及大腿骨和髌骨之间（髌股关节）的关节压力和剪切力，这样就容易造成半月板、软骨的损伤以及韧带的损伤。

#### 2. 挺胸后仰

努力挺胸时，胸椎微后凸的生理弧度被迫变直，甚至反向前凸，椎间盘等受到不均匀的挤压，肩肱关节和胸背部产生了应力而无效消耗体力，持续维持这样的姿势，无疑是不利于人体健康的。

#### 3. 含胸驼背

驼背是不少人懒散懈怠状态时所呈现的一种不良姿势，这种姿势使得胸段脊柱的微后凸生理弧度加剧变大，并且胸段脊柱的上段前倾，因而脊柱的高度降低，胸骨被迫内缩后移，从而形成胸部内凹，胸腔被压缩，持续维持这样的姿势，无疑是不利于人体健康的。

## 第三节　养藏功运动人体科学解读

“手腿伸风腰上功，腰上有功全身松”。在发力技巧上同腰部联合起来能起到发动机的作用，使内劲起于脚跟，通于脊背，形于手指，因此说“力由脊发”“腰脊为第一主宰”。经络学说的督脉起自骶骨尾部中央尾骨末端长强穴，沿督脉上行至颈部背面的大椎穴，而腧穴也都在背部，腧穴是人身气血的总汇，脏腑经气都经腧穴而相互贯通的。

“涅槃重生”基本动作主要练习以下肌肉部位。

## 一、背阔肌

背阔肌是位于胸背区下部和腰区浅层较宽大的扁肌。由胸背神经支配。血液供应主要来自胸背动脉和节段性的肋间后动脉和腰动脉的分支，以肩胛线为界线的外侧由胸背动脉分支供血，线的内侧由节段性动脉供血。起于7～12胸肋棘突、胸腰筋膜、髂嵴和下3～4肋，止于肱骨小结节嵴。

“涅槃重生”主要通过手臂、身体的动作来达到背阔肌的屈伸与收张，从而使肌肉得到锻炼，对于肩周炎阵发性疼痛、肩膀活动困难等具有较好的疗养效果。

## 二、胸大肌

胸大肌是位于胸廓前上部的肌肉，通常称为胸肌，呈扇型，起自锁骨内侧半，胸骨和第1～6肋软骨，肌束向外侧集中，止于肱骨大结节嵴。胸大肌是人体上半身最引人注目的肌肉，强壮厚实的胸大肌是每个健身爱好者的目标。

“涅槃重生”要求肩关节水平屈，即肩关节水平内收，内旋肩关节，还可配合吸气（提肋）、呼气（降肋）与收腹，因此能够很好地锻炼胸大肌。常练习“涅槃重生”，胸大肌将明显强健发达。

## 三、三角肌

三角肌，俗称“虎头肌”，因为它的形状凸出上臂，酷似虎头，而且发达的三角肌体积比较大，显得很威猛，是男性肌肉发达的显著表现，所以它也是力量的象征。练好三角肌，可以增加肩部宽度。

在“涅槃重生”的练习过程中，三角肌以肌肉上固定在肩关节做肩关节屈与肩关节水平伸。三角肌做肩关节屈使用了肌肉前束，肩关节水平伸使用后束。以两块大羽状肌作为主要对抗肌，在肩关节做主要运动前后摆动，配合三角肌，再以胸椎作为辅助。收缩时胸大肌主动充分收缩，背阔肌张开，三角肌前束发力，胸椎向前弯曲加深含胸，使整个上肢带蜷缩起来，这样可以使胸腔压缩，排出肺中的空气，加深吐气。张开时背阔肌主动收缩，胸大肌张开，三角肌后束发力，胸椎向后加深挺胸，使整个上肢带伸展，这样使整个胸腔打开，造成负压，加深吸气。因为肌肉的主动运动导致肺功能的被动呼吸，最大呼气和最大吸气都有所提升。由于肺功能的提升，最大吸氧量也得到了提升，静脉与动脉携氧量也随之提升。肌肉的运动需要氧气的参与，越多的氧气参与运动，代表着整个身体就可以拥有更好的肌肉机能与运动表现。

## 四、腹直肌

腹直肌位于腹前壁正中线两侧，被包埋于腹直肌鞘内，为上宽下窄的带状多腹肌。左右腹直肌内侧以腹白线相隔，自上而下被3～4个横行的腱划（致密结缔组织索）分隔，腱划与腹直肌鞘前壁紧密愈合，起防止该肌收缩时移位的作用。此肌起自耻骨上缘（耻骨结节与耻骨联合之间），止于第5～7肋软骨前面和胸骨剑突。

“涅槃重生”动作练习中，腹直肌以肌肉下固定在脊柱做脊柱屈与骨盆后倾。练习一开始即出现较明显的肌电活动，当上体前屈至40°～60°角时，显示肌电波幅和频率、平均积分图幅度最大，肌张力也最大。该角度是增进腹肌力量的最有效角度。

## 五、竖脊肌

竖脊肌又名骶棘肌。下起骶骨背面，上达枕骨后方，充填于棘突与肋角之间的深沟内。从骶骨直至枕骨，为一对强大的伸脊柱肌。竖脊肌以肌肉下固定在脊柱做脊柱伸与骨盆前倾。

腹直肌和竖脊肌是维持核心的重要肌肉，在运动中连接上肢与下肢平衡与发力衔接。在正常跑步运动中，两块肌肉做静力等长运动，保持脊柱与骨盆的相对稳定，使上肢与下肢力量前后平衡。这样力量的传递就更加直接有效。在转胯的运动中，先脚发力，后转胯带动腰力，接着脊椎转体，最后带上手臂。力量是一种从下往上旋转的力，腹直肌和竖脊肌不仅参加运动，而且是一种扭曲的运动轨迹。

柔击术打破了传统运动规则，腹直肌和竖脊肌的作用不仅是稳定核心、传递力量，更进一步的是带动了器官的整个运动，使五脏六腑得到了锻炼。在传统锻炼中，肌肉锻炼占主导地位，讲的是力量、速度、耐力，而少数的运动还锻炼一些呼吸与脚步，但大家都忽视了器官的锻炼。现在柔击术功法通过呼吸加上肌肉控制脊柱与骨盆的运动，使整个腹腔运动，压缩与释放。由于内脏器官多数都是由平滑肌组成的，不能主导进行收缩，所以我们要让外部力量参加渗透进内脏，通过反复运动，使整个腹腔内正压与负压来回交替进而锻炼器官。

## 六、臀大肌

臀大肌系髋肌后群肌之一。呈宽厚四边形，位于臀皮下，起自髋骨外面和骶骨背面，纤维斜向外下，覆盖大转子，止于股骨的臀肌粗隆。此肌可使大腿后伸并外旋，下肢固定时伸直躯干并防止躯干前倾，以维持身体平衡。受臀下神经（腰5、骶1～2）支配。由于该肌肥厚，因此臀部为最常用的肌肉注射部位。

“涅槃重生”练习中，臀大肌以肌肉远固定在骨盆做骨盆后倾，能够有效地起到肌肉锻炼的作用。

## 七、股四头肌

股四头肌是人体的大腿肌肉，位于大腿肌肉前。要使大腿强壮，首先要发展股四头肌，因为股四头肌是人体最大、最有力的肌肉之一。

在练习“涅槃重生”时，股四头肌以肌肉远固定在膝关节做静止运动，在骨盆做骨盆前倾运动。

## 八、髂腰肌

髂腰肌系髋肌前群肌之一。由腰大肌和髂肌构成。腰大肌起自腰椎体的侧面和横突，髂肌起自髂窝。两肌相结合，经腹股沟韧带的深处下至髋关节的前面而止于股骨的小转子。此肌可屈与外旋大腿，下肢固定时使骨盆和躯干前屈。受腰丛肌支（胸12，腰1～4）支配。“涅槃重生”动作要求髂腰肌以肌肉上固定在骨盆做骨盆后倾。

下肢肌群是人体肌肉比例最多、最大的肌肉群，锻炼腿部力量在整个身体框架中极其重要。就像汽车一样，下肢是底盘，底盘不稳，整辆车就不稳，下肢不稳，整个人就极其不稳。腿部是全身力量的起点，充满力量的双腿站在地面上，力量始于足下，整个力量的传递就强大，运动能力就表现得更好。锻炼腿部肌肉，对提高身体代谢有着很大的帮助，更能提高睾酮素分泌水平，从而提高生活质量。尤其是臀大肌有着人体第二发动机的美誉。臀大肌的作用在下肢体现得格外重要，静止时维持人体直立站姿，在跑跳伸展大腿运动中做大力量的输出。在这个动作中，臀大肌作为下肢肌群主要主动肌，使整个骨盆后倾，从而加深骨盆运动。在股四头肌发力的状态下，下肢牢牢踩实地面，在远端保持身体平衡，让整个动作保持稳定。髂腰肌连接下肢、骨盆、脊柱，贯穿整体，使每块区域独立运动联合到了一起，使整个动作更加有力有序。

“婴儿”状时肩锁关节放松、两肩微向前合、两肋微敛的姿势下通过动作，使胸腔上下径放长，使横膈膜有下降舒展的机会。

动态的含胸呈婴儿体态，直接的原因是胸肌的工作引起胸骨带动锁骨内侧和肋骨内侧内缩后移。深度的含胸使肩锁等胸部呈现弧形内凹。脊柱虽被迫后移，但往往是前撑的，造成含胸的胸肌工作的动力是由脚而起，经过腹肌而上达。

“涅槃重生”可以使胸椎拔直，成为起重机的中轴杠杆，中轴杠杆越垂直，则能产生的旋转和折叠作用就越大，运动幅度越灵活。

动态的重生，直接的原因是背部肌群的工作引起脊柱的后撑。深度的拔背，两肩与背脊可呈现为向后圆拱的弧形，背部斜方肌等肌群被强烈地拉伸开，因而背部有绷紧的感觉，拔背程度越深，这种感觉越明显，骤然变圆的肩背，在其他部位的变化配合下，可高效率地将全身劲力通过脊柱传到手臂发放出去。

人体的解剖结构中，躯体两边侧中线的连线和颈侧中线至肩头外侧中点的连线有一个微向前的角度，即两肩头的方向是微向着前斜侧方的，或者说，两肩是呈现着微向前裹合的，因人的锁骨下方呈现出一个三角形的凹窝，所以自然站立状态的人就呈现基本的婴儿姿势。对于没有不良姿势习惯的人来说，会感到这种姿势的胸背部没有任何应力，实际上这时人体胸腔的容量最大。所以，这种自然放松形成的基本婴儿重生有利于保持健康体态，有利于人体全身的气血运行、气沉丹田和脚下沉稳，背脊保持自然平直。

## 第四节　养藏功养生功效

### 一、促进血液循环营养周身

“养藏功”的体态使胸腔处于“虚胸实腹”状态。“重生状”是腹实胸宽状态，腹内压值增大，胸内压减小。“虚胸”给心脏活动以充分余地。心肌能放松，则容量能大，心肌初长度增长，使心脏收缩大，排出血量多。胸内压相对减小，使心脏搏动轻松有力，有利于血液回流与输出。此时全身放松，血管的外周阻力下降，血液便能顺利地流向全身。“实腹”配合丹田的鼓起，使下腔静脉血和淋巴液较快地流回心脏。与其他动作放松运动相适应，保证肌肉组织的供血，促进内环境的物质交换，也保证了内环境的理化因素恒定。

## 二、增进呼吸功能

根据研究，当人体处于“婴儿”的体态时，躯干的主要肌肉都处于合理放松状态，这样可节省因过于紧张而耗去的氧和能量，将其用到完整动作中。氧的节省还可减轻呼吸系统的负担，并减少呼吸肌本身耗氧量，胸腹肌放松利于膈肌更好地舒张。吸气是膈肌收缩，其伞状的顶部下降，胸腔增大，肺泡可最大限度地向下、向外扩张，使呼吸深长，次数减少，降低无效腔（呼吸道）中气体的残余量，增加肺泡通气量；呼气是腹肌和膈肌共同收缩，这可加速呼气，提高每分钟摄氧量。通过运动达到提高呼吸功能、提高血液循环功能、改善外呼吸和内呼吸机制的效果。

## 三、可坚实内脏、促进消化吸收

“虚胸实腹”可使胸腔所需要的血液供应充足，推动腹腔静脉血迅速回流心脏。由于腹腔血液循环畅通，使平滑肌得到充足的营养和氧气，强健消化器官。由于膈肌的上下起落，腹内压增大，内脏器官的活动幅度也随之增大，相互摩擦，从而坚实了内脏，促使它们的蠕动加强，并刺激肝、胰等消化腺，使消化液分泌增多，加强了腹腔器官的排空作用，营养吸收加快，使身体更加健壮。

## 延伸阅读

生命质量取决于健身运动。中国传统武术中的五禽戏、八段锦、太极拳等也非常注重脏腑运动练习，并依据五脏管理中的心、肝、脾、肺、肾之特点而有目的地调理气血经脉，诸如五脏养生操就是由武术和中医改革创新而成。

以下介绍腰腹操：站立，双脚分开，与肩同宽，脖颈伸直。双手抬至胸前，上下重叠或前伸，挺胸立腰，颌下收，保持身体背部挺直，慢慢弯曲膝盖和髋关节，像要坐到椅子一样。不要让膝盖弯在脚趾前面，在要接触到椅子时停下，颈、背尽量伸直保持1秒，然后站起来，连续做3次，注意力集中在腰腹。要求颈、背尽量伸直，双脚要站稳。功效：防治腰痛和背痛，提高脊柱和腰的活力；增强胃肠功能，提高性活力；增加头脑和腿脚的血流量。

相对而言，养脏功比五脏健身操和腰腹操的锻炼效果更佳，而且达到全身的锻炼，对脏腑健康和内力练习可达到事半功倍之效果。

# 第四章
# 柔击术之“柔动乾坤”

## 第一节　柔动乾坤释义

“柔动乾坤”源自《说苑·敬慎》，其关于刚柔秉性的辩论之争有这样的说法：“夫舌之存也，岂非以其柔耶？齿之亡也，岂非以其刚耶？”在老子和其老师的对话中讲述了刚柔在实际生活中的应用：时而柔时而刚，夺时势而定的刚柔并济方为生存之道。《尚书·舜典》也有“柔远能迩”的说法。柔击术的集大成者何明清师傅认为，人体是一个整体的、有机的、动态的系统，所有的运动锻炼必须遵循科学规律，身体的奥秘就在于柔，柔起来身体漩涡就多，漩涡多身体之乾坤就在运转。宋朝薛式的《西江月·一气初回遇朔》有道：“刚柔相会气均匀。”《左传·僖公二十八年》：“我得天，楚伏其罪，我且柔之矣。又草木新生曰柔。”这说明了刚柔秉性的辩证之争不仅在于生存之道，同样也存在于人体的系统内涵里，存在于生命之中。

《荀子·致士》有“水深则回”，《荀子·天论》有“列星随旋，日月递炤”之说。在观察旋风、涡流和龙卷风这些自然现象时，我们可以发现风和水的自然属性都偏柔性，却因为“旋”这个动作，可以在其相关势力范围内将所及之物卷入或带走。虽属于柔性却带有极强的控制能力。《疏》中言：“旋，反也。”旋转，可以将原事物作用以相反，使看似柔弱之物具有扭转乾坤之力。这一类型的柔性自然物质因为采取了旋的反作用力而具有强大的力量，这使得它们拥有了不同的特性：柔中带刚，扭转乾坤。

如何将我们人体系统中的柔性也发挥出此“柔中带刚”的自然特性，是何明清师傅在始创柔击术时一直思考的问题。在反复观察自然现象和思考自身习武经历之后，他将“柔”这一特性引入了身体锻炼中，辅以“旋”这一动作释放。这使得柔击术的练习者不仅发挥身体柔性，更能够分阶段展示出身体的大柔之道，“不贪拳法招数多，只求全身多漩涡”。柔击术中柔的动作练习可以锻炼所有的骨骼和关节，使身体各部位存在多个“漩涡”，有大有小，蕴含在每一位练习者的身体中，使得练习者在通过长期的练习之后能似水、风等柔物一般将所及的对抗力量化解，产生保护自身的作用。正如《庄子·达生篇》中所言：“工倕旋而盖规矩，指与物化，而不以心稽。”与万物相化，既是柔击术中动作设计缘由，也能体现出柔击术朴素自然、专一纯粹、至纯至精和至简至美的初心。

# 第二节　柔动乾坤动作要领

## 一、基础动作

### （一）手柔

手柔，又名小柔，基本动作如下。

1. 或坐或立，使身体处于自然放松状态。

2. 两手自然前伸，高度略低于肩。

3. 将两手的手腕处相贴合，手指部分自然弯曲，此时手部形成自然莲花状。两手臂形成自然圆弧状。

4. 以两手腕贴合处为轴心，两手向相反方向旋转打圈。旋转时手肘和手腕均发力，此时手腕处和手肘处均在自然柔动。

5. 手心朝向始终保持与身体朝向同一方向，旋转180° 后为手背根部相贴合。

6. 继续旋转180° 后两手腕回到原始位置，反复练习后可自然进入下一柔。

以上即为一柔，动作可循环操作，60柔为1组（图4–1）。

图4-1 “柔动乾坤”的正面动作示意图（小柔）

**动作要领**

感受由脚蹬地发力转腰带动手臂的发力顺序，腰先动，然后带动肩膀、手臂，每一个转向都必须由腰来带动。想象自己在拧被单。

### （二）肩柔

1. 或坐或立，使身体处于自然放松状态。

2. 摒弃心中杂念，将意念落置于两肩处，胸部向内含。

3. 两手伸出，自然平放，掌心内下，手掌抱持自然半握状态；手臂微微放松伸直，形成微小弧度；手肘外弓，手臂整体水平高度与肩齐。

4. 两肩关节往同一方向做水平打旋，自然带动手臂和胸部肌肉做牵移，宛如石磨运动，肩部为石磨中心点，手臂为石磨的推杆。石磨转动是由推杆转动引起的，可将身体寒气逐渐“磨出”。

肩柔动作10柔为1小节，以6小节（即60柔）为1组。初学者可从简单的肩圆柔开始练习，逐步掌握之后，可尝试“米”字型肩柔，效果更佳。

### （三）大柔

“大柔”顾名思义，为手柔和肩柔的进阶练习动作。其包含手柔和肩柔动作，可使全身筋骨进入活动状态，人体形似一个大漩涡，实则内含多处小漩涡，正所谓“大柔之至刚自来”。

1. 身体自然站立，做起势状。两腿打开，稍比肩宽，重心下沉。

2. 两手平伸，手腕贴合，以手柔动作起步，胸部向内含。

3. 两个慢速度手柔之后，漩涡之力由手腕延伸至肩部，开始手柔、肩柔两基础动作同步进行。

4. 继而肩柔动作放大，自然带动手臂和胸部肌肉做牵移。此时大幅度肩柔牵引腰部和胯部做柔动打旋动作，尾椎骨最后一节朝地心做水平打旋动作。此时身体初步形成多漩涡状态。

5. 保持身体多漩涡状态。身体下沉，重心移向左腿，右腿伸直，身体向右侧弯。此时的手柔动作打开，两手距离与肩同宽，做大手柔动作，右腿外侧有明显拉伸感。

6. 身体以胯部为轴心，身体漩涡状态由右下方向前下方走，此时重心落回两腿中间，手和身体向前、向下弯曲。

7. 身体以胯部为轴心，身体漩涡状态由前下方向左下方走，此时重心移向右腿，左腿伸直，身体向左侧弯，左腿外侧有明显拉伸感。

8. 身体保持漩涡状态向后下方走，双腿位置保持不动，此时腰部有明显拉伸感。手做大手柔动作向后拉伸，手心始终保持向上。划过之后回归起始的右侧动作（第5步）。

至此完成大柔动作。身体保持漩涡状态转360° 为1柔，60柔为1组坚持。初练习者可逐渐加量，以身体发热后持续6个动作为宜，直至身体完全适应（图4–2）。

图4-2 “柔动乾坤”的正面动作示意图（大柔）

**动作要领**

马步扎稳，大幅度地转动腰身，双手像抱着一个又大又重的大圆球，使它像地球一样，一边自转，一边绕着身体公转。

## 二、易错动作

### （一）手柔

掌心朝内为阴，一则不利于寒气从体内散出；二则在武学方面，掌心朝内会导致在实战中出现防范的弱点，容易被对方出其不意地顺势将力导入自身体内。

### （二）肩柔

肩膀做打旋动作时幅度不足，未带动胸部肌肉做拉伸作用，从而使得动作功效大幅减弱。

### （三）大柔

#### 1. 双脚距离过大或过小

大柔动作相较于手柔和肩柔动作幅度更大，要求重心频繁变化，因此双脚距离过大或过小可能会导致重心不稳。身体不协调，使得大柔动作做起来生硬和不适，需要通过增加练习次数来调整。练习次数越多，量变产生质变，练习者的身体支配能力则会越强。而当练习动作过程出现身体不协调的现象时，身体的有效拉伸筋脉、骨骼和肌肉数量减少，使得动作效果大幅减弱甚至无效。

#### 2. 掌心未朝上，手腕力度不足

此错误动作影响与手柔掌心朝内影响结果相通。手腕力度对于手柔而言在于它的脆劲，力度可以使动作流畅、不拖沓，呈现出的视觉效果就是干净洒脱、劲脆有力。这也能较好地还原柔击术原本的“味道”，柔中带刚，刚中有柔。因此，力度是动作的基础，能够较好地控制力度，无疑是为自己的手柔动作平添了几分艺术观赏的效果，且能达到修身养性作用。

#### 3. 屏气、有意识加深或减弱呼吸等行为

人们在深度沉入某一个动作时，或在初次学习动作时感到紧张，尤其是做大柔的后仰动作时，容易不自觉地屏气。这种下意识动作在练习时多加留心就可以避免。柔击术讲究的是顺应自然的法则和科学训练的原理，因此在练习时不需要刻意改变自己的呼吸深度或频率，以原有的真我状态去练习，可以感受到身体在

慢慢发热，逐渐强壮。

## 第三节　柔动乾坤运动人体科学解读

练习者在进行柔击功法之“柔动乾坤”这一组合动作的一般练习时，会产生两股力量，一股是手指及手腕的力量，另一股是练习者源自五脏六腑的驱动力，在这两种力量的同时作用下，控制好肩膀才可以把手柔的动作诠释出来。利用手腕的控制力时，手指必须处于放松状态，不能有任何其他的控制它的力量，用手指和手腕的动力带动整个手部运动。应当注意的是，在这个过程中，手腕上翘的话就会影响手指的发挥，过多的手指强制力量使得手柔的动作无法循环，所以应当保持手腕处于平稳自然角度的状态。在练习过程中，手指和手腕都不能分开作用，而应当相互配合，这样才可以使手指和手腕之间产生一种向下的压力，这种压力可在练习的过程中，利用手腕对手指的灵活度和力度进行控制，从而做出圆滑自然的动作。

人体由206块骨骼组成，遍布身体78个关节，骨与关节由筋相连。附着在肌腱或骨头上的韧带即为筋，起到收缩肌肉、活动关节和固定的作用。当人们逐步进行手柔、肩柔和大柔的动作时，身体定有诸多关节处于运动状态，即柔击术的漩涡状态，当中以大柔为甚。大脑在支配身体进行柔的动作时，关节一旦活动起来，筋就开始起到连接的拉伸作用。柔击术三个“柔”的动作打旋复杂，身体的筋、骨以及关节的活动更为复杂，尤其在进行高阶层的“大柔”动作时，全身的筋骨和关节都被调动起来。因此，柔这个动作是可以锻炼到全身的骨骼、筋脉和关节的，坚持练习，可以达到按摩全身骨骼的效果。又因其活动幅度大、涉及角度广，全身肌肉都会在不同角度的旋转过程中得到伸缩，最终获得的保健效果是相当理想的。

当人们练习手柔时，手腕、手肘打旋，旋能起到保健作用。练习肩柔时，手肘和肩部做主要打旋运动，而肩部打旋牵引胸部肌肉和五脏六腑均保持在一定漩涡状态，此时“马达”开始得到逐渐修复，身体的五脏六腑就能够逐渐回复到一个平衡状态，从而保证人们的健康。“练功有穴莫人为，躬身无穴五脏碎。”柔的练习只追求在身上形成多漩涡，而非强调穴位作用。无穴位则不会暴露自身的破绽。《疏》中言：“旋，反也。”漩涡可以化解掉所有的力量。而从科学的角度来看，当敌手的攻击力袭来，练习者可以通过身体的各处漩涡将这股力量分解、释放于206块骨骼和78个关节处。

## 第四节　柔动乾坤养生功效

### 一、可以有效地塑造身体形态

练习“柔动乾坤”的一系列动作组合，要求练习者把整个腰部弯曲起来，胯部、肩部、颈部和手部有规律地做水平旋转运动，此时，肌肉配合筋控制着身体的骨骼和关节，时而收缩时而拉伸。这些漩涡涉及的肌肉就会不断地处于绷直—放松、放松—绷直的状态下，不断循环，就会不断地锻炼腰部、肩部、胸部和手臂的肌肉，使多余的赘肉得到有效消耗，为人体最基本的生命活动提供能量。

因此，在不断锻炼刺激全身肌肉的过程中，不仅可以有效地消耗各部位的赘肉，有效地塑造腰部、肩部、胸部和手臂形态，而且还可以有效地锻炼其灵活度及平衡度。

## 二、可以有效地锻炼四肢和腰部的力量

在进行手柔、肩柔和大柔的过程中，既锻炼了四肢和腰部的肌肉，同时也增强了这些部位的力量。

大柔练习对女性分娩能起到非常重要的助力作用。女性在自然分娩的时候，需要腰部和胯部的力量配合，经常练习腰部和胯部，可以有效地增强腰部和胯部的力量，对女性自然分娩起到非常奇妙的作用。

## 三、可以有效地防治某些疾病的发生

由于现代科技的不断发展，无论是在工作或是个人交往方面，人们往往需要花费大量时间与各种电子设备进行交互，各种“现代病”也由此而生，例如，最典型的鼠标掌、肩周炎和用眼过度。这些“现代病”，都是由于人们长期保持一个固定姿势或动作，特定部位血液无法得到有效流通和循环而久积成病。人生病，就是骨头里面的缝被堵的原因。柔的一系列动作，可以通过“旋”的作用将身体中的“堵”疏通，从而达到防治的效果。其中手柔对“鼠标手”，肩柔对“肩周炎”的辅助治疗有着奇效。

另外，目前在临床医学上有很多的疾病，都是源自腰部损伤的原因。如腰椎病、腹部疼痛及类风湿性关节炎等疾病，都是因为其腰部过于僵硬，以至于使腰部受伤，从而导致某些不良的腰部疾病。而练习大柔动作时包含了腰部多角度伸展，刺

激腰椎和腰部肌肉活动，可以有效地防治腰部疾病，使人免受疾病的困扰。

## 四、缓解腰椎间盘突出症

腰椎间盘突出症是较为常见的疾病之一。主要是因为腰椎间盘各部分（髓核、纤维环及软骨板），尤其是髓核，出现不同程度的退行性改变后，在外力因素的作用下，椎间盘的纤维环破裂，髓核组织从破裂之处突出（或脱出）于后方或椎管内，导致相邻脊神经根遭受刺激或压迫，从而产生腰部疼痛，一侧下肢或双下肢麻木、疼痛等一系列临床症状。腰椎间盘突出症以腰4～5、腰5～骶1发病率最高，约占95%。

腰椎间盘突出症属中医“腰痛”“痹证”等范畴。《灵枢·邪客》云：“肾有邪，其气留于两腘……固不得住留，住留则伤筋络骨节，机关不得屈伸，故拘挛也。”根据临床所见，腰椎间盘突出症患者在腰、臀部大多有不同程度的肌肉痉挛，即凡有痛则肌肉必有痉挛；凡有肌痉挛亦必有疼痛，痛和肌痉挛（不松）互为因果的关系。概括起来就是“痛则不松，不松则痛”。

随着生活方式的改变，腰椎间盘突出症已经成为常见病、多发病，严重影响患者的工作和生活质量。在医学上，“腰椎间盘突出”只是一种影像学描述，而“腰椎间盘突出症”才是一种病。判断有没有“腰椎间盘突出症”要依据两点：一个是症状，另一个是影像学的检查，两者缺一不可。而通过科学的运动可以有效预防和缓解腰椎间盘突出症。

单纯腰椎间盘摘除等手术疗效并不佳，手术往往忽视了肌肉损害性炎症所致的疼痛和肌痉挛这两个方面。同时腰椎间盘突出症与心理变化有非常密切的关系。柔击术的核心就是松、温、顺三大原则。“松”字原则放在首位，其机理就是“以松治痛，痛去致松”。“松”字原则不仅注意腰、臀部肌肉的放松，呼吸的自然放松，而且更注重患者心理的放松，在练习柔击术大柔动作中注意体会身体的变化、身体和自然的沟通。随着生活节奏的加快，工作压力的加大，人类面临着高负荷工作和生活压力的挑战，心理因素与腰痛的关系越来越受到人们的重视。在欧美等国家，心理检查常被作为腰椎功能检查的一个组成部分。Clays等指出，腰背疾病的发生发展中，社会心理因素扮演着重要角色；Marras等认为，个体性格、体型、力量和感知等固有因素，都可能与生物力学系统相互作用，从而加剧工作环境因素对机体生物力学的影响。进一步研究也表明，持续性的精神压力成为腰椎间盘突出的潜在的高危因素，导致椎间盘的压力增高。Sei-dler等认为，精神心理因素可能是导致血管病变的危险因素，使椎间盘血运障碍，导致椎间盘病变，与中医情志影响导致气机不畅、血行瘀滞的认识相一致。腰椎间盘突出症患者由于病情反复，往往害怕病变造成生活质量下降及长期治疗带来的沉重经济负担，因此易产生明显的躯体化、抑郁及焦虑等症状。柔击术柔的组合练习正是在手柔、肩柔和大柔的进阶练习中，不断激活身体肌肉，尤其是经过长期的练习，配合呼吸、站立和心理调整，练习者能够较好地调整自己的心理和生理状态，从而达到心理放松和肌肉放松的效果。

肌肉放松训练在急、慢性疼痛的治疗中一直得到广泛应用，而且疗效可靠，其实际就是降低交感神经的兴奋性及生理觉醒水平，包括心率、脉搏、呼吸变慢，血压降低，耗氧量减少等，所有这些生理变化也伴随有相应的心理效应，如紧张、焦虑得以缓解，肌肉松弛产生的生理变化与焦虑紧张状态的生理变化互为逆向。

柔击术的每一个动作都强调练习者需要自由呼吸，注意提防憋气等呼吸节奏反常等情况。这就要引导练习者保证动作规范而又不损呼吸的节奏，在这一状态下练习者会不自觉地使用腹式呼吸。孙梅等学者的研究也证实腹式呼吸的放松训练能有效减轻疼痛，促进患者肌肉放松，有利于患者早日由急性期转为康复锻炼期，为早日下床活动做准备。

柔击术功法（尤其是柔这一组合动作）机理可能就是在注重患者肌肉放松训练的基础上，联合采用自我调节放松，缓解患者的焦虑、抑郁情绪，从身、心两个层面降低椎间盘的压力，缓解疼痛，从而达到改善临床症状的目的。柔击术的基本功法正是从现代医学的生物—心理—社会综合模式角度出发，身心兼治，相辅相成，全面有效地整体康复，故能取得良好的养生效果。而且肌肉放松训练简便、易行，无须复杂的仪器设备，适合推广。

### 延伸阅读

锻炼身体以健康为目标，假如偏离了这个宗旨就不再有意义。对身体来说，柔韧和肌肉不可分割，相互关联，都很重要！

身体的柔韧性是一个关节或一组关节的活动范围，若身体在活动中受到影响，那是因为关节的活动范围受到周围肌肉和肌腱的限制，导致姿势障碍，反过来则导致运动受限，最终可造成损伤。

经常锻炼能使身体保持良好的协调性和柔韧性，也能增长力量，使肌肉发达。但如果锻炼的强度太高，也会对柔韧度有相应的影响。力量锻炼加大，肌肉很发达，但同时柔韧度也会下降，主要原因是肌肉过紧导致关节灵活度减弱，特别是训练后不做拉伸和放松运动，使关节活动范围受限。比如想要挠后背痒痒，但却够不着后背；弯腰想捡个东西都感到比较吃力，就是柔韧性变差的缘故。对于柔韧和肌肉（力量）关系处理得比较好的是体操和技巧运动员，因为训练比较有针对性，所以力量增强了，肌肉很发达，同时也兼顾了较好的柔韧性。

所以锻炼身体不能只顾练肌肉，也要保护好关节的灵活性和伸展度，锻炼好肢体的柔韧性。如借助瑜伽动作做些拉伸舒展运动，特别是在力量锻炼后要做好肢体关节的拉伸和放松，并按摩肌肉，让发紧的肢体松弛下来。喜欢练瑜伽等柔性运动的爱好者也不要忽略对力量的锻炼，让肌肉保护好骨骼，以加强自身肢体坚实的稳固性。

# 第五章
# 柔击术之“千手轮回”

## 第一节 千手轮回释义

“千手轮回”动作在初创之时，大概受到了“千手观音”佛像的启发。“千手轮回”动作便是受到千手观音的影响应运而生。在动作外形上，“千手轮回”在具体的动态演示的过程中，与千手观音极为相似，让人从视觉感知上觉得是有一千只手在轮动，从内心深处不由自主地感叹这套动作的奇思妙想。另外，在动作内涵上，“千手轮回”这一动作和千手观音也有着殊途同归之妙。千手观音是大慈大悲的象征，能够默默地保佑人们渡过各种难关、消除各种病痛；而“千手轮回”动作也暗含此寓意。柔击术是一种朴素养生健体之功法，在创立之初便意在强健体魄，让练习者能够受益无穷，即通过练习“千手轮回”以达到按摩五脏六腑并强健身体之功效，最终会使练习者涅槃重生。

“千手轮回”中的“回”字非常重要，有旋转、回旋、回环、曲折的意思。《三峡》之中曾写道：“春冬之时，则素湍绿潭，回清倒影。”在唐代著名文学家杜牧所著的《阿房宫赋》之中曾经描写道：“廊腰缦回，檐牙高啄。”这句词的意思是走廊如绸带般萦回，牙齿般排列的飞檐像鸟嘴向高处啄着。通过将走廊比作绸带，用了一个“回”字来展现出了词中所写走廊的蜿蜒曲折。同时，“回”是一个周而复始的过程，从字形上来看，这个汉字采用了全包围结构，由两个闭合的“口”字组成，而“千手轮回”整套动作也便是一个周而复始的过程。虽然从表面上看只是在重复同一个动作，但实际上在重复这一动作的过程之中，产生的养生功效更是一个边际效益递增的过程，越做到后面，收获到的养生价值就越大。

柔击功法中“千手轮回”动作创立之初，首先是受到了自然界百兽——蜈蚣的动作和体型特征的启发。蜈蚣主要靠躯干部进行运动，其躯干部有20个体节，较长和较短的体节互相间隔，第一节的附肢称颚足，甚为发达，其末节成一利爪，爪内有毒腺，爪的末端有一毒腺开口，用来毒杀小动物和作为防御外敌的武器。第二节到第十九节各具一对七节的附肢，称为足，是蜈蚣爬行的器官。第二十节是生殖孔所在的地方，其附肢与其他19对步足不同，特称生殖肢。因此，蜈蚣躯干部的结构成为蜈蚣的运动中枢。“千手轮回”动作正是将蜈蚣多足爬行的整个过程细致生动地仿生出来，并且结合千手观音的形象和丰富的文化内涵，形成了这一基本动作。

# 第二节　“千手轮回”动作要领

## 一、起势动作

双脚分开，略比肩宽，大腿与膝关节呈135°左右半蹲，脚尖朝前稍内扣，膝关节不超过脚尖；上半身挺直，要充分感受到脊柱支撑着上半身的各个躯干部位；双手自然下垂，五指并拢，掌心向外。

## 二、动态动作

双手向外缓缓上升，各自形成一条弧线，在头顶处交汇，但双手并不触碰，只作交叉状。交汇后继续各自前行，右手呈逆时针方向，左手呈顺时针方向，回到双手摆放的起始位置，正好每只手各画出一个完整的圆圈。

背部和胯部跟随手部动作的变化而变化，随着双手逐步升起并外展。在双手上升的过程中，背部逐渐挺拔，胸膛逐渐向前挺起，肩膀不断向后扩展，臀部不断往上提，简言之，可以描述为挺胸、收腹、提臀。

当双手于头顶处交汇后，背部和胯部逐渐向起始状态进行还原。随着双手的下降，背部逐渐拱起，胸膛窝成一张弓的形状，近似于“含胸归元”的状态。臀部往里收，腰部和胯部用力向前顶。

从正面进行观察，手部动作如同千手观音；从侧面进行观察，背部和臀部呈现波浪起伏之势，随着背部和臀部的运动，给人以一波未平一波又起之感。

## 三、自然呼吸

思想集中，不得分神开小差，呼吸讲究自然均匀。全身放松，不可紧绷，切忌机械僵硬，将思想放在腹部的五脏六腑之上，依靠五脏六腑之力来带动全身上下的四肢和躯干（图5–1）。

图5-1 “千手轮回”练习动作正面和右侧面示意图

**动作要领**

“清明桩”的腿法站立，双手由下到后甩，抡臂，往后的时候浅吸气，往前的时候浅呼气，由于速度快，吐气和吸气都比较急促，属于无氧运动。在大幅度快速的甩手臂中，保持身体的平衡是训练的重点。

注意两个发力点：提臂挺胸后再接着往后展臂，含胸弯腰后手臂猛地往前下方坠。

手臂在甩的过程中保持微微弯曲，如果完全伸直，不利于发力。

## 四、练习方法

基本练习：重复60次为1组，做3组效果更佳，每做完1组休息片刻。

易出偏差：两脚开立过大，膝关节超过脚尖。发力僵硬，不协调。背部肌肉紧张，脊椎动态不足。掌心没有向外，背部波浪感不足，背部和臀部的动作不协调。

## 五、常见错误动作

### （一）下肢无力

“千手轮回”动作，从形体上来看，主要运动的是双臂和臀部，但其实对下肢的力量增强非常有帮助，效果非常显著。从肉眼上看，下肢的运动幅度非常小，但是用最通俗的道理来理解，人类顶天立地地站立在地面上，受到地心引力的影响，要想发力就必须脚踏实地，力从地起，只有双脚牢牢抓地，才能通过下肢把力传递到全身。因此，“千手轮回”这套动作，下肢必须按照起始动作的要求，双脚分开，略比肩宽，大腿与膝关节呈120°左右半蹲，脚尖朝前稍内扣，膝关节不超过脚尖。双腿要有蹲马步站桩的感觉，下肢必须适当发力，切忌双腿随意站立，只对手臂和臀部进行运动。

### （二）掌心向内

“千手轮回”动作从起始动作开始直到整套动作结束，都要求掌心必须向外，不可将掌心向内。因为从五行的角度来说，掌心向外则为阳，向内则为阴。掌心向外是一个阳气上升、很好地吸收阳气的过程，而如若掌心向内，向内则为阴，使阴气淤积在体内而排不出去，这对于健康来说是非常不利的。

## 第三节　“千手轮回”运动人体科学解读

“千手轮回”动作从起始状态到动态动作，都极其需要下肢力量来支撑上肢各部分来完成，故而下肢无疑成为这一动作的基础，下肢动作技术的重要性不言而喻。柔击功法练习的重要理念便是“不求武功招式多，只求全身多漩涡”。在做动作时，思想上要把自己想象成一潭水，全身无处不解浪，各个部位的骨骼和肌肉都是在一个有机整体内相互联动。柔击术强调运动的整体性，其运动模式可宏观概括为是一种旋移运动，身体的旋移体现在身体各个运动链的缠绕之中。人体运动链划分为上节两个上肢子系统、中节一个躯干子系统和下节两个下肢子系统，以脊柱、前臂、腿的轴线左右转动为缠，上肢链的缠为前臂的内旋时的顺缠，前臂外旋时的逆缠。躯干链的缠为肩脊、骸部的左旋右转之势。下肢链的缠为小腿以足跟为轴的脚内扣时的顺缠以及小腿以足跟为轴的脚外展时的逆缠。以腕、肩关节为轴向外的转动性动作则称为绕。运动中要以腰为主宰，通过旋腰转脊和旋腰转髓来带动上肢的旋膀转腕和下肢的旋腿转足，使周身上下完整一致，形成一种螺旋式的运动。

骨骼和肌肉的运动贯穿在“千手轮回”动作的整体动态过程之中，从不同的身体部位对这一动作的骨骼肌肉运动进行详细的解读。由上至下，先从手臂开始分析。在这一动作运动的过程中，手臂以肩膀为中心进行甩动，规则地画圆。手臂的上举对于肱二头肌和三角肌的力量要求极高，三角肌位于上臂的外侧，当手臂缓缓举起，与肩持平时，三角肌朝向地下，呈紧绷状态，肱二头肌朝向天上，发力隆起。接着是肩膀，肩膀在向后舒展时，肩胛骨不断打开，锁骨逐渐向后扩张，两侧锁骨深陷，往前含胸归元时慢慢变小深陷其中。颈部周围的肌肉群在相互摩擦中不断产生热量，燃烧脂肪和糖元，颈部肌肉变得发达和强壮。胸膛的运动也很重要。众所周知，人的胸部存在非常多的肌肉组织，存在众多肋骨，“千手轮回”在动态过程中存在含胸归元的动作，随着胸肌的工作，胸骨带动锁骨内侧和肋骨内侧内缩后移。深度的含胸使肩锁等胸部呈现弧形内凹。脊柱虽被迫后移，但往往是前撑的，造成含胸的胸肌工作的动力是由脚而起经过腹肌而上达。手臂上升的过程可以使胸椎拔直，成为起重机的中轴杠杆，中轴杠杆越垂直，则能产生的旋转和折叠作用就越大、运动越灵活。

腹部、背部以及下半身的肌肉力量反应在“千手轮回”动作练习中是最为重要的，并且这些部位也是相互联动的，需要相互结合来进行分析。在上升和下降的交界阶段，臀大肌不断在紧绷和松弛状态中来回切换，说明在缓冲这段时间内支配臀大肌的运动单位积极活动，缓冲阶段主要是产生制动作用。臀大肌可以使髋关节制动，而髋关节与身体躯干相连，在一定程度上制动躯干产生的较大动量也要依靠臀大肌的积极收缩来完成，所以臀大肌的锻炼效果最强烈。股后肌群在缓冲阶段主要以退让性离心收缩来完成缓冲。因此，股二头肌和半腱肌也产生较强的生理反应。值得注意的是，该阶段胫骨前肌的生理反应也较强，可能与脚掌在接触地面后加强踝关节的稳定性有关。在蹬伸阶段，腓肠肌内外侧头的作用非常重要，原因是在蹬伸阶段需要足够的动力，而腓肠肌积极地向心收缩可以使踝关节蹬伸地面，从而带动上肢更好地发力。同样作为主动肌的臀大肌、股直肌也积极地收缩。臀大肌和股直肌积极收缩可以快速地完成伸髋伸膝动作，为整体动作的完成提供动力。同时，在挺胯阶段我们可以看出，作为拮抗肌的股二头肌和半腱肌依然积极收缩，其原因可能是与预防下肢损伤有关，拮抗肌收缩可以维持膝关节稳定性，对身体的下盘有较强的锻炼作用。

在“千手轮回”动作的练习过程中，下肢也要同步进行蹬地。下肢髋关节、膝关节和踝关节角变小，使周围的肌肉被拉伸，从而使甩臂过程产生的动能转变为弹性势能并储存在下肢关节的股四头肌、臀大肌、小腿三头肌等肌肉中，然后在周而复始的动作过程中将储存在肌肉中的弹性势能释放出来，转化为垂直位移方向的能力，这样下肢关节下蹲角度就成为影响全身力量锻炼效果的因素。提臀和挺胯阶段主要是下肢各个关节周围的肌肉被动拉伸，以便在动作交替阶段释放能量。然而，肌肉是一个粘弹性体，它的弹性变形能力具有时间效应，弹性回缩能力随时间延长将减弱，原因是有一部分能量以热能形式散发出去，最终影响向心收缩时的效果。在提臀和挺胯动作交替阶段，下肢最早依靠的是腓肠肌，之后是股直肌，其余肌肉也随之出现生理反应。腓肠肌是踝关节周围的肌肉，在缓冲时首先通过腓肠肌的离心收缩牵拉制动小腿骨，以此来缓冲水平速度。然后股直肌积极参与收缩，通过制动大腿，以此来缓冲水平速度。而后其他肌肉收缩开始出现，积极收缩制动下肢环节来缓冲水平速度。交替阶段主要是产生制动作用，臀大肌可以使髋关节制动，而髋关节与质量较大的躯干相连，在一定程度上制动躯干产生的较大动量也要依靠臀大肌的积极收缩来完成，所以臀大肌的生理反应最强烈。股后肌群在交替阶段主要进行退让性的离心收缩来完成缓冲。

在下肢练习方面，经过提臀之后身体重心下移，双腿髋关节屈曲再伸直，膝关节屈曲再伸直，同时旋外。这时，腹直肌与腹外斜肌均应起到上固定的作用，牵引骨盆，与股四头肌中的股直肌共同作用，使髋关节屈曲。而在挺胯时，臀大肌起固定的作用，牵引骨盆向大腿方向运动，完成伸髋；股四头肌起近固定作用，牵引小腿向大腿方向做伸膝动作。股二头肌、腓肠肌先进行向心收缩使膝关节屈曲，进行离心收缩，为动作交替阶段膝关节屈曲做准备并且使膝关节旋外，其中腓肠肌的外侧头辅助股二头肌进行膝关节旋外，同时与腓肠肌内侧头共同利用地面反作用力进行先离心再向心收缩，完成整套动作。

## 第四节　千手轮回养生功效

### 一、增强人体核心力量的锻炼

人体核心力量对于身体的控制和平衡来说是非常重要的，每个对身体协调性要求极高的工作或者运动项目，都需要核心力量的辅助。例如，篮球这项运动，运动员在快速跑动当中会伴随着身体的接触和冲撞，在上篮和抢篮板球的过程中，也会和其他球员产生身体上的碰撞，如果核心力量不够强的话，会影响身体的协调性，使出手受到影响。

“千手轮回”动作讲究腰腹发力，故而通过这个动作的练习，能够让人体的核心力量增强，向上的摆臂动作对于整个动作的动态过程中身体重心的水平速度也有影响。因为当上摆角度较大时，会使身体的重心有向上移动趋势，制动脚与地面产生的制动作用力减少，也就使得缓冲向前作用减少，从而导致水平速度相对增加，进而在接下来的向前、向上摆臂过程中使身体重心过多地向前移动，可能会使练习者在练习“千手轮回”动作中产生前冲现象，身体控制难度增加。因此，向上摆臂角度并不是越大越好。为了寻找到一个合适的摆臂角度，以达到最佳的练习效果，“千手轮回”便要求摆臂与腰腹核心力量相结合，这样才能维持动作的稳定性。

## 二、加强心肺功能

“千手轮回”这套动作胸廓的运动量非常大，在每一个动作当中，都交替进行挺胸和含胸，随着肋骨的张开，自然呼吸的需氧量也会逐渐增加，身体的运动不断消耗热量，耗氧量也不断上升，需要将更多的氧气吸入体内才能够达到维持身体运行功能所需要的氧量。氧的节省还可减轻呼吸系统的负担，并减少呼吸肌本身的耗氧量，胸腹肌放松利于膈肌更好地舒张。吸气是膈肌收缩，其伞状的顶部下降，胸腔增大，肺泡可最大限度向下、向外扩张，使呼吸深长，次数减少，降低呼吸道中气体的残余量，增加肺泡通气量；呼气时腹肌和膈肌共同收缩，这可加速呼气，提高每分钟摄氧量，从而达到提高呼吸功能，提高血液循环功能，改善外呼吸和内呼吸机制的效果。

“千手轮回”要求60个动作为1组，并且做3组这样高强度的练习才能够达到效果，因此，这就像是在进行长跑，能够锻炼身体的耐力，使心肺功能在锻炼的过程中不断增强。

## 三、促进人体的新陈代谢

“千手轮回”动作对五脏六腑进行有效的按摩。随着运动强度的提高，体内各个脏器的血液循环不断加快，通过血液的快速流动，能将体内的毒素和无用之物排出体外，有促进人体新陈代谢的作用。这套动作还能够让人体在进食之后能够更好地消化和吸收食物中的营养。由于腹腔血液循环畅通，使平滑肌得到充足的营养和氧气，强健消化器官。由于膈肌的上下起落，腹内压增大，使内脏器官活动幅度也随之增大，相互摩擦，促使肠胃的蠕动加强，并刺激肝、胰等消化腺，使消化液分泌增多，加强了腹腔器官的排空作用，从而达到健康养生的作用。

### 延伸阅读

传统武术讲究“身备五张弓”。但凡练拳之人，都追求身备五张弓的境界。何谓五张弓，仅仅两臂、两腿、带身弓吗？不尽然。人体是由许多大大小小的骨头组成的，骨头与骨头之间的连接称为关节，各关节之间，除了有肌肉，还有连接于骨关节之间的肌腱，这种叫作肌腱的物体，是贯穿于肢体的起始的，这便是弓的弦。

柔击术之“千手轮回”动作可以很好地锻炼脊柱这张人体之弓。因此，首先要做的，是把脊柱拉成弓形，我们在盘拳时，要求做到尾闾前翻，两肾后逼，此时，身体自然成弓。单成弓形还不成，这箭是如何射出的呢？胯蹬，肩压，脊必能弹，试一下“千手轮回”，看有没有此功能。

身备五弓，出手如梭如箭，既可单独发劲，又可将五弓合为一股劲，是功夫到达一定层次的标志！当然，光有五弓还远远不够，我们还得做到起落如弹簧。当然，这又是另一个层次的东西了。

# 第六章 柔击术之“镇切阴阳”

## 第一节 镇切阴阳释义

### 一、动作内涵

“镇切阴阳”，突出“切”字。切字的释义在《说文解字》中为：“切，刌也。从刀，七声。”。“镇切阴阳”动作的来源由切字的字源解说延展而来。“七”是“切”的本字。七，甲骨文是指事字，用一横、一纵表示切分物体。当“七”的“切分”本义消失后，金文将甲骨文字形中的“十”写成“七”形，并再加“刀”另造“切”字代替，强调用刀分割。而柔击术中的切则强调的是用手臂来将上下切割。“一横”好比双臂，在“镇切阴阳”动作中，双臂都保持一条横线，做摆切动作；“一纵”相当于起势时的躯干，站立一纵，头顶天脚踩地，孑然一身处于天地自然之中。

柔击术自始至终非常强调回归自然，这是一种归真朴素的理念。因而此时的切，并不仅仅是简单的切割，还是以切之动作借自然的力，将自然之力与自身之力相结合，达到一个相互融合的状态。长筌子在《雨霖铃·清晨凝伫》中有“阴阳协顺空中，为甘露、山泽敷布”，来说明阴阳合自然于一体的道理，天地万物好似阴阳顺协在空中，无论是山中的甘露水泽，还是我们生活中的每一息每一物。回归自然同时还包括自然的呼吸法则，这一法则强调的正是吕岩的《忆江南·淮南法》“丹田流注气交通。耆老反婴童”中气息交会贯通的呼吸法则。从最初的“气交通”，经反复练习由量变引起质变时，可以达成“丹田流柱”的境界。

创始人何明清师傅在设计手臂相连一线做前后切割的动作时，受到的正是“从自然中来，还阴阳处去”的启发。“镇切阴阳”从正面看似平分天地，将阴阳两面切割；而从上往下看，正是手臂在不断打圆，双臂所及之处宛如做出了一个八卦图。“镇切阴阳”的一个切割动作可将阴阳之力化为己用，也可内化修身养神，以斜弧线角度使用力切削横直外来的攻击力，如砍诸削木一般；也可外化御敌自守，激发人体两侧边门力，攻击与防守都不可缺，它是边门封手夺位的主翼之一。

“镇切阴阳”的手臂动作起到切线作用，但凡在指外力直击状况下，以切线消除直立式效果较为理想。在“镇切阴阳”基础上的砍、挑、压、削，动作都十分轻巧，对反作用力也同样能起抵消作用，如砍竹劈柴，能达到砍劈效果，同时可抵消反震余波。金属加工切削的刀度，也同样采取了这种方式，只要角度正确，就可以减小阻力。这说明切线的流线型状态可以较好地御敌自守。

## 二、自然仿生

“镇切阴阳”这一动作在最开始的研究设计时还受到鹤类展翅动作的启发。

鹤，是一种美丽的禽鸟，颈、脚较长，大多通体白色，头顶鲜红色，喉和颈黑色，耳至头枕白色，脚黑色。它栖息于开阔平原、湖泊、草地、海边滩涂、芦苇、沼泽以及河岸沼泽地带，有时也出现于农田和耕地中，尤其是迁徙季节和冬季。

通常我们看到的仙鹤图，均是仙鹤展翅图。何明清师傅在静心欣赏仙鹤图时，联想到人的双臂如同仙鹤的双翅般展开。为形成双翅一横的形态，将上下开合设计为前后摆切。仙鹤的一开一合，如同练习者在练习“镇切阴阳”时手臂的一前一后，加速练习保持一个稳定节奏，宛若仙鹤展翅腾空飞翔，身心得到一种升华，由此更能展现出鹤的展翅高贵之态，同时可发挥较好的养生功效。尤其在“镇切阴阳”的两切交换定点状态时，手臂一前一后舒展开，将仙鹤的展翅状态展示到最佳。

双臂在前后极力舒展开的定点，前手臂的形还似仙鹤的长颈，“镇切阴阳”的进阶动作由此而生。鹤在攻击的时候以喙为主，颈部一伸一收产生发力进攻敌人。“镇切阴阳”定点的前臂向前，将力聚在指尖（如鹤将力点聚集在喙尖），主要攻击敌人的上半身，取鹤的巧劲，主要为攻其不备。在喙收回时又可以保持一种泰然处之的姿态。

这就是柔击术“镇切阴阳”动作以身心结合方式达到的一种自然仿生状态，从形似达到意象。仙鹤在古代是“一鸟之下，万鸟之上”，地位仅次于凤凰。同时它素以喙、颈、腿“三长”著称，直立时可达1米多高，看起来仙风道骨，为羽族之长。仙鹤自古被称为“一品鸟”，寓意第一。古时文武百官共分九级，最高官阶的名称是一品。作为鸟类中最高贵的一种鸟，符合一品大员的身份。这是古人根据它的形态和寓意赋予它的身份。同时也是创始人何明清希望大家可以通过练习柔击术而领悟到的一品、高贵意向的表现所在。

“镇切阴阳”的一招一式都是以手、腰、腿“三长”似仙鹤喙、颈、腿“三长”，身体的舒展可使练习者联想到仙鹤的高贵形态和一品身份，在不断的练习之中把意识内化到动作中。

据《雀豹古今注》记载：“鹤千年则变成苍，又两千岁则变黑，所谓玄鹤也。”说明仙鹤是一种长寿之动物。古代医疗条件比较落后，人人都希望自己可以益寿延年，故在老人过寿时送一幅仙鹤图，就是一份极好的寿礼了。即使在科技、医疗发达的今天，送一幅仙鹤图也不过时，若再是一只仙鹤停留在松树上，那就是松鹤延年了。

柔击术创始人何明清师傅在设计该动作时，他同样也期冀着每一位练习者可以达成益寿延年的美好愿望。

## 第二节 镇切阴阳动作要领

### 一、基本动作

柔击术基本起势动作：双脚站立，膝盖弯曲。双手前后平伸，与肩齐平，掌心朝下。双手成一条直线，前后手交叉做切动作。切时胯部与肩部成交叉线拧力点，随着手臂前后平面切时，交叉线拧力点随即交换（图6-1）。

图6-1 “镇切阴阳”练习动作正面示意图

**动作要领**

先向一边深蹲，准备蹬转，蹬转带动腰、肩，手臂大力跟随甩动。上甩到眼睛后，顺势缓冲转身到另一侧，下蹲，蹬转甩手臂返回。共甩3次，第四次双手向上展开，抓好东西，猛地下坠。这算完成一次组合，可以再接着来几组。

## 二、动作要领

1. 两腿站立，稍比肩宽，脚尖朝前，膝盖微微弯曲，身体自然放松，做柔击术基本起势动作。

2. 四指微微并拢，大拇指微微弯曲，两手做手刀状。左手前置，掌心朝下，正对面部，手臂与肩平，手肘微微弯曲；右手朝后，掌心朝下，正对后脑勺，手臂可稍比肩低，手肘微微弯曲。此时两手掌与头部形成一条正直线，双臂形成一条直线。

3. 双臂始终保持一条直线，以两手掌心为点，双手不断交换点的位置。在交换的过程中，手臂保持微微弯曲，身体保持“婴儿重生”动作，形成身体多处漩涡。

4. 发力讲究内部先动。由五脏六腑带动手臂动起。每次交换切动手臂的过程中，左肩和右胯、右肩和左胯分别为一对对抗点。当右手在前时，左肩和右胯为对抗点，由对抗点的拧动带动手臂的运动。切换时则为右肩和左胯做对抗。

## 三、练习要求

左右交换为1切，即右手臂向前为1切，60切为1组。每天可练习3组。

刚练习时可取半而练，取30切为1组，分两组练习。

## 四、常见错误动作

1. 未掌握“内部先动”要点，只是简单的手臂摆动动作。

此时需要着重练习基本动作要领中的第四点，注意体会肩与胯的交叉对应以及胯的拧动，是使用“马达”的力驱动，而不是手臂和身体分离般的摆动。

2. 在“镇切阴阳”时膝盖晃动，或站立不稳。

站立时脚趾要注意打开，似鹰抓一般牢牢抓住地面，做五趾抓地动作，使脚下生“根”。膝盖微微弯曲而不是下蹲，大腿与小腿呈一定角度。胯部内收。达到脚、膝、胯这三个要点时，才能够如“镇”一般站稳，使得动作功效发挥至最大。

3. “镇切阴阳”时掌心未朝下，非用侧掌着力。

柔击术属于拳术的一种，其动作在人体的各部分都得以运用。其中，掌形更是重要的一种。掌底配在“柔”中练习正面腕力；侧面腕力练习适合搭配在“镇切阴阳”中练习，从而使侧掌也能发挥削、切、砍、挑的作用，这是“镇切阴阳”的要点之一。一旦练习中掌心未朝下，动作设计时侧掌的锻炼效果就丧失了，因此在练习中要特别注意掌形的变化（图6-2）。

图6-2 “镇切阴阳”练习动作的侧面示意图

**动作要领**

一手往前上方切，一手往下挡切，充分地运用蹬转，练习腰腹力量。配合上呼吸，每次手挥到最高点哈气，发出“哈”的声音。跟普通运动动作一般要求挺胸收腹不同的是，手臂发力的时候是含胸的。注意动静有致，挥臂后能迅速刹车。

## 五、进阶动作

柔击术“镇切阴阳”的进阶动作同样是受到鹤攻击动作的启发。基本动作站定，右手在前，左手在后，前手五指打开，上伸并拢，由自然掌型变为爪状。将“镇切阴阳”每一切时由五脏六腑传导到手臂至手掌的力聚集于五指，进而攻击敌手。

“镇切阴阳”的进阶动作如同鹤攻击时的动作，手臂如同鹤的脖子，脖子上扬，前手五指打开，上伸并拢，这一段是在聚集凝力。脖子前伸，前手由自然掌型变为爪状，寻找定点攻击。整个动作灵活巧变，练习者多次练习之后可以增强其观察力和应变能力，首先观察敌手的弱点所在，伺机而动，凝力落下。

## 第三节 镇切阴阳运动人体科学解读

“镇切阴阳”练习的外在表现是动作，其内在本质则是能量代谢。“镇切阴阳”力量的训练理念 进一步增加了柔击功法力量训练的维度。以功能训练的视角，考虑练习者身体条件的特点，按照动作维度、运动方式、 运动方向等动作要素，系统分析力量训练，将“镇切阴阳”的人体科学解读从下至上开展，让柔击术练习者们能够更便捷地参与专项力量训练。

在做“镇切阴阳”动作时，由于手臂动作幅度大至180° ，容易使下盘不稳，因而要讲究五趾抓地。五趾抓地时脚平铺于地，身体的全部重量不再是只落于前脚脚掌或后脚脚跟，而是如同按钢琴琴键一般，分落于脚趾上，通过脚趾血液的流动变化，使原本束缚脚趾的筋肌打开，使五个脚趾上的肌腱都能够柔顺弹活，脚趾关节一旦松开，气血自然而然地顺达脚底。

膝关节屈曲的活动度一般为5° ~160° 。从人体的构造来看，膝盖只能朝一个方向曲直运动，不宜多方向旋转和撇扭。因此在练习“镇切阴阳”时膝盖是前后弯曲的，角度在一个较为舒服的区间，且无上下跳动和左右扭动的磨损存在，这样即使长期习练柔击术也不会使膝盖疼痛受伤，练习者到晚年时，依然可以保持风度不减。

由于“镇切阴阳”及其进阶动作的练习对练习者手部肌肉的稳定性以及拉拱手的肌肉耐力有着较高的要求，练习时因要发挥五脏六腑的力量，所以主要以中等强度负荷练习为主。注意练习节奏的掌控，控制肌肉向心收缩和离心收缩在4秒左右，提高神经、肌肉的控制能力。

上肢切的力量训练，可以较好地刺激躯干背部力量及上肢肩臂功能。练习者可采用长短轴日常着装结合、单双侧结合、向离心结合等办法，针对上肢基础力量、力量耐力进行针对性训练。在起势站立的条件下，提升练习者的髋部稳定性，克服阻力，将双手切向前后方。在切的过程中，斜方肌中上束和菱形肌充分收缩，可以有效提高上肩背力量。在切时要求练习者双臂微微伸直，但又形成一条直线，可以有效的锻炼斜方肌中下束和菱形肌的力量耐力，进一步提高稳定性。切动定点要求练习者控制手部及肩与胯的交叉线定点，如此可以增强背阔肌力量，辅助练习者在真正的攻防练习中更好地运用起自身力量。切换过程中要求手臂保持微直状态而不失切动速度，这就变相促进练习者使用和控制自身的肩部和胸部肌肉群，可以增加练习者的胸肩力量，有益于手臂工作的稳定性。

“镇切阴阳”动作的肩部和胯部交叉线互换的整个过程中，肱骨做外旋动作，肩胛骨做下降和后缩动作，一系列动作下来可以有效改善前交叉的症状。通过手掌的自然放松，再到进阶动作的抬升、凝力、开掌、收合和释力的一套动作运动，可以放松练习者的髂腰肌、腰骶筋膜，肩部和胯部交叉线互换，可以增强臀大肌、臀中小肌的力量。通过五脏六腑的运力，使腹肌表深肌群得到训练，如此能够改善骨盆肌张力的不对称性，减少下交叉的症状。通过每次单边力量训练和多次的两侧交叉练习，增进手臂、肩部和胯部的高张力肌群放松训练，如左侧腰方肌小角度拧旋对应右侧腰方肌松懈，另一方的切动时则拧旋与松懈交换，多组合和多次交换的训练下来，可以减轻由于日常生活中的不对称使用肩部、手臂和胯部带来的疼痛。

以上所提"镇切阴阳"练习中所涉及的肌肉及经脉锻炼，皆是建立在练习者对于"镇切阴阳"以及其进阶动作的长期正确有效练习的基础上，基础要求缺一不可。望各位练习者能够身体力行地坚持下去，体会科学运动带来的快乐和健康生活。

## 第四节　镇切阴阳养生功效

### 一、矫正胯部体型

日常生活中，我们可以看到许多人的髋部总是松松垮垮的，或者脊背整个垮着，给人一种乏力无神的感觉。无论是远观还是近看，都非常影响人的观感。这是由于大多数人的日常活动动作幅度不大，髋部通常得不到活动舒展。

髋关节俗称"胯轴子"，由髋臼和股骨头组成。髋关节具有人体最大的"头"和最深的"窝"，俗称"一个头，一个窝"，分别是股骨头与髋臼。它既坚固又灵活，是最典型、最完善的杵臼关节。在这个"头"和这个"窝"即股骨头与髋臼的表面，包裹着一层光滑的关节软骨。在组成这个"头"和这个"窝"的边缘，会有一层结实的关节囊将整个髋关节密封起来。这个"头"和这个"窝"在正常状态下，可以在关节囊的限制及周围肌肉的带动下，做六个方向的自由转动。

髋关节活动存在一个"金标准"，"金标准"就是由屈曲、伸直、内旋、外旋、内收、外展这六个方向自由转动的活动度所决定的。在进行柔击术的"镇切阴阳"动作时，我们会使用到胯部与肩部对应的内扣动作，以使身体达到一个大漩涡状态。这时我们的髋关节得到舒展运动，尤其是在不断的切换内扣时，髋关节的6个“金方向”缺一不可，互相联系，互相制约，才能达到动作标准。这时，6个方向的自由转动都达到了髋关节的“金标准”，我们髋关节的活动度才算合格，进而提升我们的胯部美观度与健康水平。

## 二、增加手臂力量，减弱蝴蝶袖手臂症状

由于淋巴循环不畅通，水分会滞留在内侧位置，形成肿胀，容易导致手臂内侧肥胖，再加上脂肪堆积，逐渐就形成“拜拜肉”。这就是大家常说的“蝴蝶袖”。

手臂作为连接躯干和手掌的部位，分布着相当多的肌肉群。我们在“镇切阴阳”的动态姿势中，需要依托手臂的动作配合。“镇切阴阳”动作要求人们的手臂不光是摆动，还必须向后做摆切运动。手臂将肩胛骨向后拉是“镇切阴阳”的重点，目的在活络肩膀至背部一带的肌肉，从而可以带动手臂的淋巴循环，将身体的气血带通，消除手臂肿胀。在坚持训练“镇切阴阳”动作之后可以消除手臂内侧赘肉，形成完美手臂曲线，同时可以帮助练习者练习行走、跑步以及其他手臂的摆切动作，从而使跑步时更顺畅，也有助于保持身体中轴稳定，提高我们的工作效率。

## 三、增加上肢肌肉耐力，改善疲劳状况

柔击术的“镇切阴阳”动作主要在于腰腹和手臂力量，对上肢肌肉耐力锻炼效果较好。根据多位练习者反馈，长期进行“镇切阴阳”动作及其进阶动作的练习之后，上肢肌肉耐力提高明

显，在改善疲劳状况的方面效果显著。

在专业学术研究中，发现提高肌肉耐力是减轻疲劳的重要因素之一。“镇切阴阳”的上肢肌肉力量训练正是通过提高肌肉耐力从而减轻人体疲劳的，其作用机制主要包括如下几个方面。

其一，“镇切阴阳”的上肢肌肉力量训练可以作用于人体的疲劳通过路径。也就是说，力量训练从心血管系统、肌肉群的功能、炎症和代谢方面对抗肌肉萎缩和肌肉代谢引起的细胞分裂，从而改善线粒体功能障碍和细胞因子的调节异常，达到增强人体心血管及相关肌肉群的功能。通过反复有效的上肢锻炼（也就是切这一交叉动作），刺激上肢部分骨骼肌肉的收缩，为肌肉提供了泵机制，不断刺激人体免疫系统中的淋巴管收缩和舒张。通过淋巴组织的工作促进局部代谢产物和炎性物质排出，加速血液循环和淋巴回流，将人体内毒性和垃圾泵出或排解后，减轻了人体生态负担。这样一个泵机制的作用改善了疲劳状况，提高身体素质和体力活动水平，从而提高了日常生活质量。这一工作原理与人们常说的“排毒”作用机理一致。

其二，“镇切阴阳”的上肢肌肉力量训练可以抑制癌细胞的生长，使肿瘤组织中促炎性细胞因子水平降低，IL-6 产量及血管内皮生长因子（VEGF）的生成减少，从而降低肿瘤内血管生成，形成良好的血液循环，加速乳酸等代谢产物运输与清除，减少因体内废物堆积而引起的患者主观疲劳。研究证明，侧上肢握力、上斜方肌及肘关节屈伸肌上的力量训练能有效改善乳腺癌患者的免疫功能、肌肉骨骼状态、心肺适能、身体知觉、认知及心理状态，减轻疲劳，缓解疼痛。而柔击术的“镇切阴阳”动作的上肢部分锻炼正是针对侧上肢握力、上斜方肌及肘关节屈伸肌等部分肌肉群的锻炼。

柔击术的“镇切阴阳”动作正是通过有效营造肌肉的泵机制

而将练习者体内无效产物代谢和针对肘关节屈伸肌等肌肉群的有效锻炼来达到缓解人体疲劳的作用。以简单易行和限制较少的动作，使得每一位练习者都能通过持续地锻炼而获得强壮的体魄，是柔击术创始人何明清师傅的初衷，因而在柔击术的每一个动作中，这一初衷都有迹可循。不忘初心，牢记使命，简而可行，健康世人，是何明清师傅心中的大道所在。

# 第七章
# 柔击术之“苍鹰捕猎”

## 第一节　苍鹰捕猎释义

“素练风霜起，苍鹰画作殊。㧐身思狡兔，侧目似愁胡。绦镟光堪擿，轩楹势可呼。何当击凡鸟，毛血洒平芜。”苍鹰是整个“鹰属”家族中体型最大的一种，其个别亚种雌鸟的体型已达到大型猛禽的级别。

苍鹰飞行爆发力强，能够具有非常快的初始速度，在短距离内抓住猎物。对于初始速度同样很快的雉鸡、鸽子、野鸭等鸟类，苍鹰有时也会做一公里左右的较长距离追逐。初始的前五百米，苍鹰的速度在鸟类王国中绝对是“顶尖高手”。

苍鹰捕食尽显坚韧和力量。苍鹰捕捉野兔是典型的“以小搏大”。其捕捉野兔的过程，将苍鹰勇敢、彪悍的特点体现得淋漓尽致。苍鹰虽属于“鹰属”猛禽，但是要想马上把稍大点的猎物制服且杀死并不容易。它们必须用力收紧爪子与猎物扭打成一团，用强大的力量与坚韧性尽快结束战斗，以避免自己捕猎失败。

苍鹰动作异常灵活，能够做出急停俯冲、急停侧转等高难度动作。苍鹰的飞行技术非常精湛，其体型“翼短宽，尾长”，使得它非常适合生活在树林中，可以非常顺畅地在茂密的树林中穿行，并常常掠地平飞，飞行技术高超。

苍鹰是猛禽中的“伏击专家”。如果攻击未果，苍鹰还有守候猎物藏匿点的习惯，有时它能花一整天的时间，守在猎物藏匿点旁的树枝上。

坚韧、专注、勇敢、彪悍，这四个词可以非常贴切地形容捕猎时的苍鹰。它可以从空中战斗到地面，有时在密集的树林里，苍鹰能够靠“跑”来追赶并捕捉野鼠等小型啮齿动物。当苍鹰决定发起攻击时，在它那锐利而富有杀气的眼里，整个世界都好像与它无关，它所关注的只有它锁定的猎物。

“苍鹰捕猎”，正是注重爆发、坚韧、灵活、专注的练习。拍打翅膀，锁定猎物形似鹰，模仿鹰的飞翔状态、翱翔方式等形态，“苍鹰捕猎”因其形而得名。动作的一招一势要表现出鹰的搏击之形，其中包括鹰的盘旋、展翅、捕食等，同时又要显示出鹰的神，“有形无神不成拳”，正是说明了神在拳术中的重要，所以，亦要神似鹰。而神似的关键，在于对动作攻防含意的理解和表达。要以形似为基础，以神似为精髓，从而实现形似与神似的统一，使“苍鹰捕猎”的演练，在神形兼备中给人以击技美、神形美、意境美的享受。

## 第二节　苍鹰捕猎动作要领

### 一、静态

1. 双脚开立，略比肩宽，大腿与膝关节呈135°左右半蹲，脚尖朝前稍内扣，膝关节不超过脚尖，再轻轻抬起一条腿向前。

2. 髋部向前用力顶出，身体呈含胸姿势 。

3. 双手上臂带前手臂抬起，手肘肘部方向朝向身后，同时做到手肘、手指自然放松，呈老鹰飞行之状。

4. 每次坚持3~5分钟，左右腿转换。

## 二、动态

由老鹰飞行之状，手臂向后张开飞翔时，髋部用力前顶，手臂挥动向下时，手肘肘部由身后转变为垂直地面方向，髋部向后，上臂和前臂呈90° ~ 100° ，同时手变为拳形或掌形。

## 三、注意要点

动态的“苍鹰捕猎”注重蓄力，可谓柔中带刚。手臂挥动向下时犹如老鹰拍打翅膀，将全身的力蓄在胸前。

顶头，竖项，下颌要无形向前用力。身势要正，肩要沉，肘要垂，舌顶，齿叩，眼前视。两脚十趾抓地，两手如抓物，虎口要撑圆，四指稍张开，掌心要内涵，此之谓“鹰爪”。发力时，随着掌之翻落，双腿微屈，臀尾向下垂劲，掌向下发力，如同向下捕捉猎物一般。上身放松，胸中空洞洞，气向下沉，腹内充实，自觉沉甸甸，此之谓“气沉丹田”。

动态挥动时，既要紧凑，又要自然，总以不费力为宜。虽云“自然”，但切不可松散，必须上下协调一致，内外完整一气，意动则气动，气动则形随。意、劲、神同，方为得体。此势刚中有柔，柔中有刚，久练才能有所体会，得之非易（图7–1）。

图7-1 “苍鹰捕猎”练习动作正面和右侧面示意图

## 四、“苍鹰捕猎”要求

1. 姿势站好，全身放松，松而不懈，精神贯注。完全采用自然呼吸，不要勉强，多着意于放松。初练之时，朝夕各练习一次（也可每日随时练习一次），每天早晚各练三十次左右，可根据情况进行分组。需依法练习，勿用拙力，至一周之后，动作灵活，气不促，神不散，便可每日逐增两遍，至每次左右各练六十遍即可。气随意行，力发于心，举手投足间，以能够彻底松紧有度为佳。

2. 按所采取的桩法姿势松静站立，采用逆腹式呼吸。吸气时小腹内收，提肛缩肾，两肋微向外开，将气提到中脘，吸气的同时，两手向外展开飞翔。呼气时，小腹放松，外凸，仍要微微提肛，同时两手向内收。随着熟练程度的增加，呼吸时，两手向回收和向外推的幅度也越小，最后变为以意领气向回收和以意领气、以气催力向外放，从外形上基本看不出手的动作。

3. 每一动作力之源都是起于脚跟，沿踝骨而上。腰胯与大腿松快自如，两膝有力，腰以上轻松灵活，动作幅度大而敏捷。整个身子如同一根鞭子，鞭把在脚跟，鞭杆在腰，两臂、两手如鞭梢。此后，无论练什么拳套，无论走架快慢，都可保持气沉而不浮，步稳而不乱，动作发劲，整而不散，如风吹大树，百枝摇曳，妖娆自然，妙趣横生矣。

## 五、练习方法

### （一）基本技术练习

“苍鹰捕猎”的手型，有拳、掌、爪。手型是否正确，直接影响着爪法的准确使用，同时对身体鹰形的表现也有所影响。动作连环善变，又要快速有力，劲透筋骨。因而练习中应从这两方面着手。

### （二）动作练习

单人进行不同方向、不同路线、不同爪法的习练，体会回手挥动发力的要领，熟悉各种方向。即下肢开步或各种步型站立，两手经胸部上提后分别向两侧、前、上、下做挥动姿势，至手臂伸直处用力向下，变掌、变拳。

基本技术的练习，一要准确熟练，方法得当；二要与手法相配合，形成完整动作。单个动作熟练后要进行组合练习，使腿法与步法、跳跃与步型等相互连接。由简单到复杂，数量由少到多，逐渐过渡到完整套路练习。

### （三）延伸练习

“苍鹰捕猎”除爪型、爪法外，还包括步型、步法、腿法、身型、身法、跳跃等基本技术。这些技术在符合武术动作一般要求的前提下，必须突出苍鹰的技法特点。下肢动作与长拳有很多相似之处，步型除弓、马、仆、虚、歇步外，常出现丁步、四六步；步法则缓疾相间，轻灵稳健；腿法以低腿为主。身型要吸腰收胯，含胸拔背，以显鹰形；身法拧旋翻转、灵活展缩；平衡动作以提膝平衡、扣腿平衡为主。有下肢稳而上体缓转的盘旋动作，要求有较好的控制能力；跳跃有翻身跳、扣腿跳、腾空摆莲腿等，动作须轻灵，似鹰击长空，落地要稳中带法。

拳谚曰："学拳易，走劲难。"武术的劲法因其拳种的不同而有所差别，同时劲法的好坏又是衡量一个习武者水平高低的重要因素，故历来拳家都十分重视劲法的研习。由于是在模仿鹰的搏击方法基础上，其劲法表现为柔中含刚，腰带肩传力。动作雄健有力，腰身发劲而形于手。又因具有"出手拳掌打，回手鹰爪抓，双拳密如雨，脆快一挂鞭"的特点，手法密集快捷，劲刚脆硬。在习练时，气沉丹田，必须与呼吸配合一致，做到"开呼合吸""呼发吸蓄""呼放吸收"，在发放刚劲时，运用短呼气速聚以显刚力。劲法在动作中也不停地变化转换，随势而异。练习中需细心揣摩体会，不断研习提高，从而达到劲势相合。

"苍鹰捕猎"要做到气沉丹田。不能气沉丹田，便打不出形意的内劲来。所以对什么是气沉丹田和如何做到气沉丹田，应该有一个正确的认识。气沉丹田乃是采用以膈肌上下运动为主的腹式呼吸，吸气时膈肌向下运动，肺体尽量向下膨胀，肋骨微微向外开，下边提肛缩肾将腹内脏器托住；呼气时，膈肌上升，两肋向内、向下合，腹内脏器自然下垂，真气沿任脉下行，注入丹田，形成心肾相交以补命门之火，胸背、双肩和腹部以上始终是放松的，而腹部则甚为充实，呼吸也比较深长匀缓。这也就是"先天之气宜稳，后天之气宜顺"的意思。

## 第三节　苍鹰捕猎运动人体科学解读

“苍鹰捕猎”的动作是模仿苍鹰而来。分析可以发现，苍鹰的胸肌十分发达，是猛禽类中飞翔肌肉最发达的物种，肌肉可达到体重的1/4。胸肌分为浅层的胸大肌和深层的上喙肌（又称胸小肌），分别控制翅的拍下和扬起动作，是一对拮抗肌。苍鹰翅膀上的肌肉统称为翅肌，它们主要控制翅膀的张开和折叠动作以及控制翅尖的精细动作。后肢肌的肌群集中分布在股骨及胫跗骨上，以长的肌腱对趾骨进行远距离的操控，还有一些特别的适应性结构，例如，对树上栖息的控制。苍鹰四肢肌肉的共同特征是较大块的肌肉均位于腹面并向躯体重心部位靠拢，通过其长而有力的肌腱来操纵远端骨骼的运动，这不仅对于保持飞翔时的重心和平衡有重要的作用，还使四肢远端的血管、神经分布更为密集。同时，前后肢肌肉的发达程度与其生活方式有着密切的联系。在进行该动作练习的时候，人体的运动，主要有以下几类肌肉参与活动。

1. 三角肌：三角肌以肌肉上固定在肩关节做肩关节外展与肩关节屈（三角肌使肩关节外展使用了肌肉中束、肩关节屈使用肌肉后束。）

2. 背阔肌：背阔肌以肌肉下固定在肩关节做肩关节内收。

3. 胸大肌：胸大肌以肌肉近固定在肩关节做肩关节水平屈。

胸肌（又称胸大肌），顾名思义，就是胸部的肌肉，由左右两部分构成。位置表浅，覆盖胸廓前的大部，呈扇形，宽而厚。起自锁骨的内侧半、胸骨和第1～6肋软骨等处，各部肌束集合向外，以扁腱止于肱骨大结节嵴。胸大肌可使肱骨内收和旋内。当上肢上举固定时，可上提躯干，并上提肋，协助吸气。老鹰正是如此，胸部肌肉非常发达，这个动作使上肢带模仿鸟类扇动翅膀，一张一收，整个节拍发力有序。首先三角肌中束参与运动使双臂上扬，前臂放松不发力，自然伸展不过伸，宛如张开翅膀的双翼，之后三角肌前束、胸大肌、背阔肌同时发力使整个上肢做屈的运动，宛如老鹰强而有力的拍打翅膀。三块肌肉所有的目的都是让力向前打去，顺而打通上肢带所有的肌肉与经脉，让血液充斥着整个上肢。既然有着节拍运动，意味着呼吸的节拍也是非常重要的。张开翅膀时胸腔被动打开时必然是吸气，拍打翅膀时吐气。一张一合，一吸一吐，呼吸与动作合二为一。

4. 竖脊肌：竖脊肌以肌肉下固定在脊柱做脊柱伸与骨盆前倾。

5. 腹直肌：腹直肌以肌肉下固定在脊柱做脊柱屈与骨盆后倾。

“张开翅膀”时竖脊肌收缩使腰椎向前弯曲，胸椎向后弯曲，挺胸收腹。发力顺序由下至上，最后传递到双臂，感觉整个上半身与双臂配合就像是拿鞭子准备抽打一样。整个发力过程中脊柱不产生扭曲、倾斜，双臂与身躯保持同一平面。“拍打翅膀”时腹直肌收缩使脊柱弯曲，配合上肢带运动，释放出向前的力。力量由上至下，把力量从头上推至前方。脊柱是力量传递的重要因素。腹直肌的收缩增加了上半身力量距的距离，距离越远产生力量就越大。在这个老鹰拍翅膀动作中，完全可以看得出力量的运动轨迹，由下至上、由上至下是圆周重复运动，正所谓小周天。

6. 臀大肌：臀大肌以肌肉远固定在骨盆做骨盆后倾。

7. 股四头肌：股四头肌以肌肉远固定在膝关节做静止运动，在骨盆做骨盆前倾运动。

8. 髂腰肌：髂腰肌以肌肉上固定在骨盆做骨盆后倾。

“苍鹰捕猎”是在基础动作之上进行的进一步升级练习，更加强调下肢肌群的重要性，锻炼腿部力量在整个身体框架中极其重要。腿部是全身力量的起点，充满力量的双腿站在地面上，始于足下，整个力量的传递就越强大，运动能力就表现得更好。锻炼腿部肌肉也对提高身体代谢有着很大的帮助，能提高睾酮素分泌，从而提高生活水平。尤其是臀大肌有着人体第二发动机的美誉。臀大肌的作用在下肢体现得格外重要，静止时维持人体直立站姿，在跑跳伸展大腿运动中做大力量的输出。在这个动作中，臀大肌作为下肢肌群的主要主动肌，使整个骨盆后倾，从而加深骨盆运动。在股四头肌发力的状态下，下肢牢牢踩实地面，在远端保持身体平衡，让整个动作保持稳定，以便于上身部分充分发挥。髂腰肌连接下肢、骨盆、脊柱，贯穿了整体，使每块区域的独立运动联合到了一起，使整个动作更加有力有序。

## 第四节　苍鹰捕猎养生功效

### 一、腹式呼吸，提高肺部功能

科学实验表明，肺活量的大小与力量的大小及生命长短成正比。比如，人体处于睡眠状态，呼吸深、细、匀、长的必是强健者，而呼吸短促无力或长、短不匀者，非病即弱无疑。呼吸波的长短、粗细是一个人的体质强弱的标志。

“苍鹰捕猎”的练习，注重“内”练，即吸气时内气沿脊椎督脉上行。腹式呼吸的方法，是在吸气时轻轻扩张腹肌，在感觉舒适的前提下，尽量吸得越深越好。这种呼吸方法的原理就是让横膈膜上下移动，由于吸气时横膈膜会下降，把脏器挤到下方，因此肚子会膨胀，而非胸部膨胀。吐气时横膈膜就会比平常上升，因而可以进行深度呼吸，可以吐出较多易停滞在肺底部的二氧化碳。提高肺活量，改善心肺功能，能使胸廓得到最大限度的扩张，使肺下部的肺泡得以伸缩，让更多的氧气进入肺部，改善心肺功能，减少肺部感染，尤其是降低患肺炎的可能，可以改善腹部脏器的功能，直接影响人体机能的强健度。

## 二、气达四梢，强化了血液循环功能

“苍鹰捕猎”，气沉丹田，以气运身，内气上至百会、下通涌泉、达于四梢（指为筋梢、发为血梢、牙为骨梢、舌为肉梢）。就技击而言，旨在激发内劲；就人体生理面言，实乃对全身血管包括微血管的锻炼。内气运行，气遍周身，无微不到。丹田是生气之源，练气时先从丹田结成气丘，然后沿经络运行，形成人体经络场。所以练丹田者，可起到“补肾”之功，肾气足，则武艺才能精进也。再者，气沉丹田是腹式呼吸，使膈肌与腹肌的力量增强，加大腹压变化，改善腹腔血液循环，减少体内淤血，也改善了心脏的工作，客观上就是在疏通经络，扩充血管，每次练功过程亦即血管频繁地收缩与扩张的过程。由此，天天行功走架，坚实了血管管壁，疏通了经络，加快了循环频率，大动脉畅通无阻，毛细血管经久不衰，四肢百骸肌肤延缓了老化，故而气血饱满，多得高寿。

## 三、汗腺通畅，保证了新陈代谢

身体新陈代谢所产生的废物，除通过眼、耳、鼻、口和谷道排泄外，机体内分泌主要靠汗腺外排。除此，汗毛与汗毛孔尚具有保温、散热的自然调节功能。因此，中医有“汗腺通则百病不侵，汗腺堵则乱病缠身”一说。现代社会，人们的物质生活条件不断改善和提高，冬有集中供暖，夏有空调、电扇，在免受寒暑之苦的同时，却又导致了人体皮肤保暖、散热功能的下降。由于汗毛变懒、汗腺壅塞、肌肤的通透性弱化，人体内脏分泌物、沉积物以及病毒等有害物质得不到及时排泄，新陈代谢失调，阴阳温热失衡，这样那样的疾病便会不染自生。

“苍鹰捕猎”注重练“内”，在肌肤的锻炼上有其独到之处。不分春夏秋冬，每每于身形的开合收放之中导引肌肤的膨缩和毛孔的张闭。吸气时周身毛孔张开，呼气时周身毛孔闭合，吞吐吸化、行气过气中肌肤毛孔多有蠕动感，体内杂质、废水废气多随汗溢出。内分泌日生日排，从而比一般不练功的人较好地保持了肌肤的纯洁性和通透性。内分泌渠道畅通，病毒垃圾不易滞留，故而小病不生，大病不长。

## 四、对称运动，弥补了人体机能后天不足

人们在日常生活、工作中，有意无意地形成了诸多习惯定势。这些习惯定势，一方面提高了动作效率，另一方面也酿成了人体运动的缺陷。也就是说，凡是习惯动作，多属于单向偏颇运动。如日常生活中上肢运动，端、握、提、捏、抓等单手动作，一般多用右手；下肢运动，弹、跳、蹦、踢等多以右足发力；中上盘运动，扛、挑、抬等多用右肩。左撇子者反之。无论是左还是右，均系单向运动。这种外形的单向运动，天长日久，使大脑中枢神经减弱了逆向调节功能，由此势必导致人体内部机能的左右失衡。右强则左弱，左强则右弱，强者易瘦，弱者易病。

“苍鹰捕猎”注重对称运动，强调“两点”对振练习的概念和双向运动，练习时间长了，能有效地解决单项运动问题，有利于弥补人体机能的左右失衡，促进人体机能的均衡发展。

## 五、运动适度，保持了人体机能的中和态

运动与生命的关系，历来说法不一。通常以为，生命在于运动，其理取自流水不腐、户枢不蠹；也有人认为，生命在于多静，以减少机体的磨损和功能的消耗。持此观点者，多以龟龄鹤寿作比。实际上这两种观点都有道理，关键在于动与静不可偏废。生命在于运动不错，但超负荷的剧烈运动，无疑会使机体疲化早衰；而多静少动者，往往消化不良，食欲不振，四肢乏力，精神萎靡，病气易侵，故多常年不断药。所以说，过分地强调动或过分地主张静，均于人体健康不利，唯有运动适度、动静相间最为相宜。

## 六、长气致柔，防止了骨质、关节、韧带的老化

日常的长期承重本身，也会逐渐磨损膝关节和踝关节，而且随着年龄的增加，内脏器官会出现老化现象，这些因素都会使关节周围的韧带、肌腱和关节逐渐老化。很多办公族长时间坐着，身体各关节以及附着在周围的肌肉长期处于固定姿势，得不到足够的锻炼，容易导致骨关节疾病。老年人骨质疏松发脆、关节旋转不灵、韧带松弛、血管干瘪等，无不是失去柔韧性的结果。欲使人体康壮不衰，就必须使周身筋骨皮保持良好的弹性。

“苍鹰捕猎”的翱翔之势，由松至紧，通过多关节运动，有效地促进肌肉收缩，增加肌肉力量，强化了身体的柔韧性和协调性，强化周身筋、骨、皮及其内脏各部器官的弹性，亦即柔韧性，防止了骨质、关节、韧带的老化。

## 七、气沉丹田，延迟人体衰退

人自初生，而少壮、而衰老的发展过程，也就是肾气的生长、发育、充实到衰退的过程。如能延缓肾气的衰退，也就能推迟人体衰老的到来，这已经为中、西医理论所证明。中医所说的肾，其包含的范围甚广，不仅是两个肾脏，还包括了生殖、泌尿和部分内分泌系统。自脐下到耻骨这一范围，笼统称为丹田，即练气结丹之所。此处正是产生性激素的位置，内有前列腺、睾丸、女子卵巢等，肾脏也在其附近，经过腹式呼吸，膈肌上下运动和提肛缩肾的练习，可增强这部分脏器的功能，使其延迟衰退，也就可延缓衰老。

## 八、松、静、专、灵，陶冶了超然脱俗的心境

众所周知，清心寡欲的人多高寿，反其道而行者往往早亡。原因是，多欲之人必多求，多求之人必贪饮、贪食、多忧、多虑、多思、多恼、多惊、多恐，凡欲有多必伤。中医认为，哀伤神、怒伤肝、忧伤肺、思伤脾、虑伤心、恐伤肾、食多伤胃，房事多行伤精、又伤气，久而不节者不击自毙。“苍鹰捕猎”的演练，注重松、静、专、灵的练习，在神形兼备中感受以击技美、神形美、意境美。

# 第八章
# 柔击术之“虎啸风生”

## 第一节　虎啸风生释义

创始人何明清师傅在创设“虎啸风生”这一基本动作时，主要受虎的身形、动作、习性和文化内涵的启发。虎是一种猫科动物，被称为兽中之王，为国家保护动物，种类有苏门答腊虎、东北虎、孟加拉虎等。也被引申为王者之风，龙行虎步，虎威。虎是现如今体型最大的猫科动物，也是处于食物链顶端的肉食动物之一。老虎通常长着棕黄的毛，上面有黑色条纹，胸腹部毛色为乳白色，脑门上有“王”字花纹。在猫科动物中，老虎有中长的犬齿和最大号的爪子，它们的爪子能刺入皮下11厘米深，牙齿能将猎物的骨头咬碎，胡须刚硬、带尖。如手掌般大小的舌，上面生有倒刺。

虎，体型庞大，是亚洲陆地上最强的食肉动物之一。虎多居住在山林中，一般选择独居，每只虎都有自己的领地。撕咬、翻滚都是它们练习捕猎本领的方式。

柔击术运动健身功法基本动作大多受到了自然界动物动作形

态的启发，而老虎这一物种更为独特。老虎具有独特的生活习性，它不像猫那样害怕水，反而非常喜欢在水中清洁身体并嬉戏玩耍，最喜欢盛夏季节在水中洗澡降暑。老虎在洗澡的时侯先将尾巴浸入水中，就像在试水温一样，然后才会用尾巴舀起水洒向后背。老虎虽然喜欢游泳，但是比起它爬树的本事来，游泳技术可是略逊一筹。这可能和老虎的体重有关，最重的老虎可达350公斤以上。老虎的耳朵能表达出它们的不同情绪：老虎在攻击敌人的时候就会竖起耳朵，露出耳后的白毛；在遇到威胁想保护自己的时候，耳朵会服帖下来，耳后白毛也隐藏起来，同时还会露出尖利的牙齿恐吓对方。老虎有一条很长的尾巴，长度将近身长的一半。当老虎在追捕猎物的时候，会用长长的尾巴攻击猎物，使猎物躲闪不及被抽倒在地。老虎会先用锋利的爪子抓住猎物的后背，让其无法动弹，接着用犬牙直接咬断颈椎或者咬住猎物的喉咙令其窒息，待猎物死亡后，老虎才会松开口享受美餐。老虎的食量非常大，一只成年虎平均每天要吃6公斤以上的肉。

虎为十二生肖之一，排行第三，称为寅虎。虎的崇拜应源自楚文化中对虎的图腾崇拜。虎一直受到汉民族的崇拜，是正义、勇猛、威严的象征。据考证，虎的形象在古羌戎族也有出现，在我国西南地区最为流行。新石器时代良渚文化中的玉琮的兽面和殷商青铜器上的兽面都与虎的形象相似。直到今天，我国的彝族、白族、布依族、土家族等民族仍称虎是其祖先。汉代人把虎看作是百兽之王。自汉代以后，虎一直成为劳动人民喜爱的保护神，经过漫长的历史演化与发展，崇虎的文化意识，已成为中华民族的共同的文化观念。白虎神是中国古代道教的守护神，原为古代星官名，二十八星宿中的西方七宿，因其呈虎形，位于西方，按五行配五色，故得名。它也是四方神之一。《礼记·曲礼上》有“前朱雀，后玄武，左青龙，右白虎”的说法。

何明清师傅正是通过观察老虎扑食时的形态，从而创立了一套动作，将老虎从狂奔到纵身一跃的整个过程细致生动地展现出来，从而形成了柔击术当中的“虎啸风生”这一动作。

## 第二节　虎啸风生动作要领

### 一、起势动作

双脚分开，略比肩宽，大腿与膝关节呈120°左右半蹲，脚尖朝前稍内扣，膝关节不超过脚尖。上半身挺直，要充分感受到脊柱支撑着上半身的各个躯干部位。双手自然下垂，半握拳，五根手指以指关节为中心向下扣，使得指尖紧贴手掌掌面的上端，微微弯曲，将双手变成虎爪的形状。

### 二、动态动作

分解动作一：双臂向后自然伸展，缓缓上升，高举过头顶，向前自然下落，左臂和右臂各自形成一条弧线，右手呈逆时针方向，左手呈顺时针方向，回到双手摆放的原始位置，正好每只手各画出一个完整的圆圈。手部动作与单人跳绳相近，依靠上臂的伸展带动前臂的甩动，双臂甩动两圈。背部和胯部跟随手部动作的变化而变化，随着双手逐步升起并外展。在双手上升的过程中，背部逐渐挺拔，胸膛逐渐向前挺起，肩膀不断向后扩展，臀部不断向上提。简而言之，可以描述为挺胸、收腹、提臀（图8-1）。

图8-1 "虎啸风生"练习动作正面示意图

**动作要领**

手臂向后甩绕两圈后，往前推掌，弯腰含胸哈气，然后准备外展、挺胸、向上振臂。在往后甩臂时注意配合腰胯部的前后扭动，以控制平衡。

当双手高举过头顶后，背部和胯部逐渐向起始状态还原。随着双手的下降，背部逐渐拱起，胸膛窝成一张弓的形状，近似于"含胸归元"的状态。臀部往里收，腰部和胯部用力向前顶。从侧面进行观察，背部和臀部呈现波浪起伏之势，随着背部和臀部的运动，给人以一波未平一波又起之感。

分解动作二：手臂甩动两圈之后，双臂继续向后方伸展，当伸至与肩同高之时，可以清楚地感受到肩膀向后扩张和拉升，后背挺直，脊梁骨直立，撑起整个上半身的躯干，脊柱双侧的肌肉紧绷，充满力量感。臀部所处的状态是向上收起，左右两侧的臀大肌处于紧绷状态，向中间夹紧。此时，想象自己正身处健身房卧推器械之下，虎爪状的双手手掌中紧握着沉重无比的杠铃，此后动用五脏六腑之力，依靠身体的核心力量带动手臂、背部、胸部、腿部、臀部等不同方位共同发力，用尽全身力气径直向前推伸，双手呈虎爪状，掌面朝前。

在向前推伸的过程中，背部不断拱起，重新将胸膛含进去，胯部用力向前顶。这样既能如饿虎扑食一般将虎爪伸向对手，用力击打对方，在进攻时克敌制胜，同时避免身体的僵硬以及反应能力的降低，将全身上下各个部分都柔起来，将胸含进去，以避免身体重要躯干遭受直接攻击，从而达到防守的目的。在这一整套动作当中，做到攻防兼备，在进攻时如同饿虎扑食一般调动全身来攻击对手，又刚又强，转而在防守时又要身心柔如水，全身上下多漩涡，让对手有力发不出。

## 三、自然调息

思想集中，不得分神开小差，呼吸讲究自然均匀。全身放松，不可紧绷，切忌机械僵硬，将思想放在五脏六腑之上，依靠五脏六腑之力来带动全身。

要有丰富的想象力，即使是在一个狭窄的密闭空间里，也要在脑海中想象自己正身处一片草木茂盛的森林，你是一只凶猛无比的老虎，在你的对面，是一只嗷嗷待哺的小羚羊，它面对你毫无招架之力，任由你撕咬而无法抵抗。在进攻时，将自己的身体和四肢想象成老虎的躯干，感觉自己粗壮无比，手掌打出来的力虎虎生风，有克服空气阻力，划破空气之声。在防守时，要做到心如止水，将自己想象成一潭平静的湖水，无论对手用多大的力来击打，都能够迎刃而解，自然组合在一起。通过胯部和背部的柔韧性来带动全身的柔和，像平静的湖面一样无惧坚硬石块的拍打。

## 四、练习方法

重复60次为一组，做三组效果更佳。每做完一组休息片刻。在休息时注意调试自己的呼吸，双臂自然下垂，通过甩动来让自己的手臂肌肉完全松弛。

## 五、常见错误动作

### （一）双手手指没有向下紧扣

“虎啸风生”这套动作要求双手如同虎爪一般，双手自然下垂半握拳，五根手指以指关节为中心向下扣，使得指尖紧贴手掌掌面的上端，微微弯曲，将双手变成虎爪的形状。如果手指没有向下弯曲，整个手掌呈摊开状态的话，就会影响手掌在击打时的发力，起不到良好的攻击作用。如果双手手指扣得不够紧，也同样不能很好地发力，同时在搏击的过程之中，双手非常容易受伤。如果双手手指紧扣的话，骨头关节比指尖的硬度要高得多，在敲击对方的时候所发出的力量要强得多，这样的力强劲而且集中，在发力的效果上起到事半功倍的作用。

### （二）下肢无力

“虎啸风生”这套动作，从形体上来看，在发动攻击时只要依靠肩膀和手臂的推力来出掌，但其实对下肢的发力也有很高的要求。从肉眼直观地看，下肢的运动幅度非常小，但用最通俗的道理来理解，人类顶天立地地站立在地面上，受到地心引力的影响，要想发力就必须脚踏实地，力从地起，只有双脚牢牢抓地，才能通过下肢把力传递到全身。因此，“虎啸风生”这套动作，下肢必须按照起始动作的要求，双脚分开略比肩宽，不能开立过大，大腿与膝关节呈120° 左右半蹲，脚尖朝前稍内扣，膝关节不超过脚尖。双腿要有蹲马步站桩的感觉，下肢必须适当发力。切忌双腿随意站立，只是手臂和臀部进行运动。如果光动手臂，下肢没有配合发力的话，整个人的力量传递是脱节的，即上半身发出的力仅仅依靠上半身的驱动，没有与下半身的力量相结合，这样的练习就会事倍功半，没有起到应有的锻炼作用，在成效上大打折扣。

### （三）背部波浪感不足，背部和臀部的动作不协调

“虎啸风生”这套动作要求背部和臀部呈现波浪起伏之势，随着背部和臀部的运动，给人以一波未平一波又起之感。故而背部和臀部不只是简单地进行单向运动，而是两者之间形成联动，背部的运动需要臀部的紧密配合。试想，如果只是背部做周而复始的挺直与弯曲的规则运动，臀部没有运动，那么整个发力和运动主要集中于上半身，这样能够起到锻炼作用的只有上半身的背和手臂，下半身没有很好地参与运动，没有得到锻炼的效果。反之，同样如此，如果只是臀部做周而复始的顶胯和提臀的规则运

动，背部没有运动，那么整个发力和运动主要集中于下半身，这样能够起到锻炼作用的只有下半身的腿和臀部，上半身没有很好地参与运动，没有锻炼的效果。同时，波浪感不足也能从侧面体现出在发力时动作过于僵硬、不协调等问题，将会导致背部肌肉紧张、脊椎突出等情况。

## 第三节　虎啸风生运动人体科学解读

“虎啸风生”这套基本动作舒展连绵，呼吸强调细匀深长，注重以形导气，意随形走。其特点主要有3个：首先是动作舒展、抻筋拔骨；其次是柔和匀称，协调美观；最后是注重脊柱的旋转屈伸。“虎啸风生”这一动作是柔击功法当中的关键动作之一，该势动作主要分为两部分：第一部分通过躯干的涌动带动双手前扑绕环，要求发力之时力量节节贯穿达指尖，身体躯干要求腰、背部形成反弓形；第二部分单腿双手撑地，低头含胸后，身体由额头、鼻尖、下颌、胸部依次沿地面向正前方弧线伸展，随后依次返回，如铁牛耕地状。中国传统医学认为“任脉为阴脉之海”，其作用为统领着全身阴经之气。“虎啸风生”的练习，要求练习者上半身在后仰的同时保持胸腹做抻展的动作，可以起到牵拉和调养任脉的作用，同时可调和手足三阴之气。手臂伸直前扑的动作和弓步的练习还可改善腰腿肌肉活动功能，起到强腰健腿的作用，并可提高上肢肌肉力量和手臂手指力量。“虎啸风生”动作的练习，可使练习者周身气血畅通，并加快肩背部的血液循环，同时还可以加快肩背部的新陈代谢，利于修复肩背部已经受损的软组织。该法具有温通经脉，调畅气血，消除风、寒、湿等邪气对筋骨经脉的损伤，从而恢复正常的物质代谢，增加肩背部及周围的营养，达到防病治病的效果。

“虎啸风生”这套动作总体来说，可提高心肌的收缩力，提高心脏每搏射血量，促进人体血液循环，心肌的舒张、顺应性增强以后，心肌功能也会相应提高。练功时骨骼肌肉随动作变化不停地舒张和收缩，可加快经脉血流。同时，膈肌的活动还可以改变腹内压强，加速静脉血的回流，降低脏腑部位的水肿和浓血情况的发生，起到改善和调节外周血液循环的作用。同时，还可降低交感神经张力，兴奋副交感神经，使得痉挛的小血管得以松弛，进而使血压较高的情况自然恢复到正常指标。可以看出，“虎啸风生”这套动作在调节神经系统和心血管系统方面有着重要的作用。这套动作从起始状态到动态动作，都极其需要下肢力量来支撑上肢各部分完成相应的动作，故而下肢无疑成为这一动作的基础，下肢动作技术的重要性不言而喻。柔击术其中之一的理念便是“不求武功招式多，只求全身多漩涡”。在做动作时，思想上要把自己想象成一潭水，全身无处不解浪，各个部位的骨骼和肌肉都是在一个有机整体内相互联动。

在甩动双臂阶段，应注意表现出动作的幅度变化，适当加大重心在垂直方向的幅度，训练时要加强大腿股四头肌和股二头肌的静力性训练，以提高动作的稳定性。

在弓背顶胯阶段，注意掌握重心轨迹变化，不能忽快忽慢，后背呈现出蠕动轨迹，使练习者有节节贯穿的感觉。按地阶段，抬头颈部后仰角度应控制在略小于90°，此时斜方肌为主要用力肌肉。整个弓背顶胯阶段发力最大的肌肉分别是髋关节的臀中肌、臀大肌，小腿三头肌的腓肠肌，这在提高下肢髋关节和膝关节等关节稳定性的同时，也可以很好地改善下肢的稳定性。股四头肌的股外侧肌有明显上升趋势，而其他肌肉增长趋势则不太明显。腔骨前肌和股四头肌的骨外侧肌是完成动作的主要肌肉，膝关节对于维持下肢平衡性起着主要作用。坚持习练“虎啸风生”这套动作可大幅提高股四头肌的肌肉力量，增强膝关节稳定性，进而起到改善下肢平衡能力的作用。

出掌动作重心轨迹变化要明显，肩关节变化范围不小于60°～130°，此过程中主要依靠肱二头肌、肱三头肌、斜方肌和股四头肌收缩来完成，通过这些肌肉的整体协调配合，将全身上下的力量皆传输到手掌上来。

## 第四节　虎啸风生养生功效

### 一、改善呼吸系统功能

在练习“虎啸风生”动作时，要求身体柔软放松，自然呼吸，吸气和呼气不疾不徐。练习这套动作可有效地帮助呼吸细匀深长。在运动养生中，身体运动是要为呼吸服务的，如果动作过快、节奏不匀，就会使呼吸急促，反之则可以使呼吸匀长，而匀长的呼吸正是柔击术养生功法练习追求的目的所在。同时，“虎啸风生”这套动作非常有利于锻炼呼吸肌，在周而复始地进行含胸和挺胸的过程中，胸部的肌肉组织都在不断地收缩和拉伸，伴随着呼吸系统运动量的加大，呼吸肌也在不停地运动，故而这套动作对呼吸肌能够起到较好的锻炼作用，从而提升呼吸系统的功能。

### 二、改善消化系统功能

“虎啸风生”这套动作会增大膈肌运动幅度。随着膈肌运动幅度的增大，便能有效地按摩肝、脾、胃等五脏六腑，从而有助于消化系统功能的改善。练习“虎啸风生”这套动作不仅对肌肉有很好的锻炼效果，而且随着运动量的增大，身体做功不断增加，所产生的热量也越来越多，促进血液循环不断加快。随着血液流动的加快，可以有效提高练习者的各项身体机能，也有利于练习者集中心神来体会动作细节，对集中思想、净化大脑、促进局部气血循环有利，进而更有利于疏通经络，能够将体内的毒素和无用之物排出体外，促进人体新陈代谢。这套动作还能够让人体在进食之后能够更好地消化和吸收食物中的营养，由于腹腔血液循环畅通，加强了腹腔器官的排空作用，从而达到健身养生的目的。

## 三、增强骨密度

“虎啸风生”这套动作要求在发力之时刚劲有力，可有效增加练习者腿部抗负荷能力，并可有效提高锻炼者的力量和平衡能力，避免现代人的运动不足，预防骨质疏松的出现，提高老年人的生活能力，进而提高其幸福指数，避免由于腿部力量不足而出现跌倒等意外情况。

# 第九章
# 柔击术之“猎豹扑食”

## 第一节 猎豹扑食释义

豹威猛不及虎，而力则较虎为巨。豹因其美丽花纹倍受历代文人青睐与喜爱，又因其善藏于雾中，故在文人笔下，遂成“雾豹”。不同时代的文人对豹的书写不尽相同，呈现出鲜明的个性特征与时代风云。它四肢矫健，动作灵活；它跳跃力强，也善于攀援；它性情残暴，勇猛而胆大；它性格孤僻，只喜欢单独活动。在静夜深谷里，它时而咆哮，能传音至数里以外。这就是豹子，在文人墨客的笔下，豹意象更具有多重意蕴，如唐代著名诗人王维在其诗作《赠李颀》中所述：“文螭从赤豹，万里方一息。”豹子动作之敏捷，速度之迅猛实在为人所惊叹。我国文学史上久负盛名且影响深远的文学家和诗人白居易在其诗作《奉和汴州令狐相公二十二韵》中写道：“枪森赤豹尾，纛吒黑龙髯。”豹作为一种意象，自古以来就受到文人墨客的垂爱，在中国传统文学中有着悠久历史和显著地位。

柔击功法与豹的联系在于创始人何明清师傅在自有武功章

法基础上的不断进取与创新，从而自创形似“猎豹扑食”的柔击术招式。正所谓：“万物自然而定律，功夫万种各有形，定律法则总相承。”豹在4种大型猫科动物中体型最小，但奔跑时速可达120公里，可以说是敏捷的猎手。身材矫健，动作灵活，奔跑速度快。既会游泳，又会爬树。性情机敏，嗅觉听觉视觉都很好，智力超常，隐蔽性强。它也是少数可适应不同环境的猫科动物。柔击术创始人观察动物奔跑的动作与姿态，试图发现猎豹成为世界上奔跑速度最快动物的机理，于是结合柔击术功法的核心原理与豹的奔跑姿态，创作出“猎豹扑食”的基本动作。该招式模仿豹扑、钻山、寻食、腾跃、奔跑、抓食等动作衍化而来，具有鲜明的南拳特色。“套路不在形而势，势在内动力生变”。因此，我们不仅要了解“猎豹扑食”的豹形，更重要的是“必须要懂其力原理”。

## 第二节　猎豹扑食动作要领

### 一、基本要领

“猎豹扑食”动作的练习需要较扎实的基本功，是在柔击术基本动作“涅槃重生”的基础之上的进阶动作。练习“涅槃重生”为的是提高身体核心素质，而练习“猎豹扑食”则是在提高身体素质的基础上全面提升力量、速度和爆发力。所谓“猎豹扑食”是以动作之形来命名，即是指该动作的轨迹如同极速奔跑的猎豹在捕食一般，整体动作创作源于“豹拳”的启发。猎豹在捕食时飞速奔跑，前腿往前扑，后腿往后蹬，身体变得很长；然后前腿往后缩，后腿往前挪，身体弓起来，再张开，像弹簧一样又快又有力。它的尾巴上下摆动，保持平衡，直到捕捉到猎物才停下来。它的身体呈流线型，适合极速奔跑，它的四肢非常发达，富有弹性。它的爪子比较直，能牢牢地抓住地面，便于调整奔跑的方向。

## 二、起势动作

“猎豹扑食”动作的练习同样要求起势动作的准确性，只有完成了高质量的造势动作，才能展现出“猎豹扑食”的实力与魅力。所谓起势动作，与前述基本动作一样，即脚趾抓地、脚心受力，双脚距离略比肩宽，自然站立，脚尖朝前或稍稍内扣，大腿呈现半蹲姿态，大小腿角度约为120°，膝盖最好不要超过脚尖（腿特别长者可以稍稍超过）。同时，起势动作要求胯向前顶，臀部内收成紧致状态，背部向后呈弓状，含胸至背部肌肉拉伸开来，直至感受到张力，双臂沿着身体两侧自然下垂，方向随着背部的弯曲趋势，手掌掌心向上，目光前视，自然呼吸。

“猎豹扑食”练习时讲究弹弓之势，身体如流线型承合，以足为根，胯部为力位，以五脏六腑之力带动脊柱发力，手臂顺势而起，抓力而落，回归至起势姿态。

## 三、“猎豹扑食”之弹

在起势动作的基础上，发力由五脏六腑带动上半身而始，往下带动大、小腿，体向前屈，致使脚跟有离地趋势，至上臂顺势抬起使得身体拉长，抬起至上前方与头部约成30°。抬起过程中，手掌翻转向外，手臂慢慢交叉。此时动作的静态应为：脚跟离地，脚掌受力，腿部基本垂直于地面，臀部呈现自然轻松状态，腰背自然，肌肉松弛，手臂抬至前上方，手掌向外。这与自然站立不同之处在于，手臂和脚的呈现姿态与受力点不同。在此过程中，身体就如同一根收紧的弹簧，达到拉伸延展的姿态。

## 四、“猎豹扑食”之弓

在后半程的动作当中，身体又如同延展的弹簧呈现回收的姿态。由手臂手掌开始沿着原轨迹随腰部顺势收力，即手臂内翻至手掌达到头部的高度，此时手掌又向外内翻至向内，在手肘向核心腹部收紧的趋势之中，手掌呈现抓握姿态，手臂和手掌的运动轨迹与发力速度较为快速，有快速向核心、向腰腹收紧的态势。背部外弓，背肌舒展，呈现含胸拔背姿态，骨盆后倾，臀部收紧，下半身还原至起势动作。后半程过程有强劲收力的感觉。

## 五、“猎豹扑食”之理

在“猎豹扑食”的一弹一弓之间，身体呈流线型的姿态，一弓一弹，“柔紧发力根不败”，腿脚起势腰上功，腰上力通达四肢，从而达到力之循环。其主要功效在于身体的核心力量练习与五脏六腑的强化，力发于此，反过来又对此进行强化，从而身体之力源源不断传送。

在整个“猎豹扑食”的过程中，呼吸是联系人的生理与精神的纽带。关于呼吸，应做到：起势动作自然呼吸，上半程身体舒展时吸气，下半程身体收紧呈发力状态时呼气。采用腹式呼吸法。腹式呼吸法的重点是通过呼吸加大膈膜的活动，减少胸腔的运动。腹式呼吸练习过程中要求胸腔保持不动，练习者要能感觉到腹部在呼气吸气、起伏（图9-1）。

图9-1　“猎豹扑食”练习动作正面示意图

**动作要领**

假设自己是一只猎豹，抓好猎物后往腹部拉。往上时全身舒展，脚尖踮起，往下拉时马步扎稳，沉腰坠肩，发出“哈”的声音。

## 六、练习方法

初次练习时，一个完整的“猎豹扑食”动作为1组，能够持续练习3分钟为佳，循序渐进。持续练习至10分钟，可进阶至3个完整的“猎豹扑食”动作为1组。有的放矢，刚柔相济，自行练习。练习至自我感觉身体强健，可精益求精。

## 七、练习感受

练习之初会感觉动作难度很大。“猎豹扑食”对身体的协调性、柔韧度要求较高，强调五脏六腑功能的强大，初学时非常耗体力。练习一段时间后，心情会特别舒畅，呼吸通畅，有利于强化消化系统和循环系统的功能。在练习中，要记得排除杂念，自然呼吸，解除中枢神经系统的疲劳。

## 八、动作注意要点

伸展时，脚趾抓地，脚掌受力，舒胸展体，拔长腰脊，伸腰拉背，瞬间腿脚之力传送至腰背达手臂，回收之时要旋腕，五指用力抓握（空心拳）。

## 九、易错动作提示

伸展上提时，身体重心不稳容易向前倾倒；上举时松懈断劲，肘关节没有弯曲度，上体不够舒展；回收时，旋腕不明显，抓握无力，塌腰、跪腿、八字脚等（图9–2）。

图9-2　“猎豹扑食”练习右侧面示意图

## 第三节　猎豹扑食运动人体科学解读

“猎豹扑食”是一个高强度的运动过程。猎豹奔跑时，它的心跳和呼吸都加强加快，体温升高，这些现象说明动物的运动是在神经系统的控制和调节下，由身体各个系统的互相配合而完成的。而完成奔跑等动作，又主要依赖于骨、关节和骨骼肌构成的运动系统。因此，运动并不是仅靠运动系统来完成，它需要神经系统的控制和调节，需要能量的供应，因此还需要消化系统、呼吸系统、循环系统等系统的配合。

骨骼肌由肌腱和肌腹两部分组成，同一块骨骼肌的两端跨过关节分别固定在两块不同的骨骼上。骨骼肌有受刺激收缩的特性，骨骼肌收缩，牵动着它所附着的骨，绕着关节活动，于是躯体就产生了运动。骨骼肌只能收缩牵拉骨而不能将骨推开。在运动中，神经系统起调节作用，骨骼起杠杆的作用，关节起支点作用，骨骼肌起动力作用。当我们进行剧烈运动的时候，不但全身骨胳肌的活动加强了，呼吸也加深加快，可以吸入更多的氧，呼出更多的二氧化碳；同时，心跳也随着加强加快，促进血液更快地循环，输送给骨胳更多的养料和氧，运走更多的体内废物。人体各个器官系统的协调活动，充分体现出猎豹是一个统一的整体，可见，猎豹完成一个运动要有骨、骨骼肌、关节的共同参与，两组肌肉的协调，神经系统的控制和调节，还需要消化系统、呼吸系统、循环系统等系统的配合，共同完成。一个动作的完成总是由至少两组肌肉相互配合活动，在神经系统的支配和其他系统的辅助下共同完成。

## 一、“猎豹扑食”强核心

“猎豹扑食”应用在人体运动上，更多的运动功能是对人体核心肌肉的强化。核心力量训练可提高肩、臂和腿等远端肢体上的肌肉工作效率和身体的平衡能力。

从人体重心的角度，核心肌群的范围是从胸的中部到大腿中部，包括正面、两侧和后面能够调控人体重心达到维持躯干平衡稳定的肌肉。以脊柱为角度，学者们将核心肌群确定在腰椎——骨盆——髋关节部位，认为核心部位的顶部为膈肌，底部为骨盆底肌和髋关节肌。仁者见仁，智者见智。此处所指的核心力量能够稳定机体的脊柱、骨盆，保持正确的身体姿态，提高身体的控制力和平衡能力，并且提高运动效能。因此，核心力量肌群指的是由核心向四肢及其他肌群输出能量的整体肌群，即从胸的中部到大腿中部，包括正面、两侧和后面能够调控人体重心达到维持躯干平衡稳定的肌肉的统称。

## 二、核心力量的解剖学作用机制分析

骨盆带是由骨组成的一个环状的架构，其上附着的肌肉对于稳定骨盆的正常位置非常重要，特别是对于下肢加速、减速和髋关节内收外展运动的项目。这些骨骼在前面相接融合，形成耻骨联合。由于骨盆和骶髂关节的柔韧性较差，在运动时肌肉收缩和拉长对其施加的压力增加，加上内收肌力的薄弱，极易对耻骨造成损伤。因此，只有稳定住骨盆，才能保证髋关节肌群有效地工作。腰——骨盆——髋关节包括的肌肉位于人体的核心部位，这些肌肉在人体运动中起到稳定、传导力量、发力减力等作用。竖脊肌是腰——骨盆——髋关节之中的一块肌肉，对脊柱和骨盆的稳定性具有重要意义。同时，竖脊肌与腹肌互相配合，为人体在静止和运动中的各种技术动作的完成提供支持和保证。

## 三、核心力量的生理学作用机制分析

根据人体的解剖位置关系，可以将核心肌肉分为整体肌肉和局部肌肉。整体肌肉包括竖脊肌、臀大肌，它们大多处于身体浅表位置，多为长肌，连接着胸廓和骨盆。这些肌肉收缩通常可以产生较大的力矩并引起大幅度的运动，它们负责脊柱运动和方向的控制。局部肌肉包括多裂肌、椎旁肌，这些肌肉通常起于脊柱或分布于脊柱深层，它们控制脊柱的曲度以及维持腰椎的稳定性，收缩时一般不会造成肌肉长度的变化和运动范围的改变。

腹横肌是核心肌群的重要组成部分。腹横肌是腹部阔肌中最薄的肌肉，其纤维环绕腹部，经胸腰筋膜与各个椎体的横突、棘突相连。腹横肌产生外侧的张力，横向箍紧腰椎，通过增加腹内压对抗外力的作用以及增加腰椎的稳定性，在核心稳定性中起着重要作用。多裂肌是腰部椎旁肌群中最大和最内侧的肌肉，其位于棘突两侧，腰背筋膜的内侧缘。多裂肌的强直性收缩可以增加脊柱节段间的稳定性，对腰椎稳定性起着重要作用。运动过程中产生的收缩力，躯干深层的椎旁单关节肌肉，如横突间肌和棘突间肌有利于核心稳定性的维持。胸腰筋膜的后层主要为背阔肌筋膜，附着于棘突，维持矢状面的稳定性。胸腰筋膜中层附着于横突，可维持冠状面和矢状面的稳定性。腰方肌是腰椎稳定的一个重要肌肉，腰方肌的等长收缩可以帮助呼吸，增加腹内压，也可以维持脊柱在冠状面和矢状面的稳定性。

## 四、核心力量的神经控制机制分析

骨盆作为脊柱稳定的根基，同样遵循神经肌肉的反射机制，它的稳定性保持除依靠盆带肌外，还依靠核心部位的腰肌、腹肌的配合共同完成。这些肌群间的协调作用使脊柱和骨盆合为一个整体，所以在核心稳定性训练中不能割裂骨盆和脊柱之间的关联，不然将会失去核心稳定性训练的真正意义。柔击术中“猎豹扑食”动作的练习，正是需要人体核心肌肉群同时参与，骨盆、臀肌、腹肌、背肌、脊柱等同时工作，对于核心的稳定性训练具有真正意义。

人体核心区域主动稳定的实现，取决于多块肌肉的协同工作，该工作是在神经支配下的一个复杂和精细的过程。对于复杂的竞技运动来说，核心部位的稳定并不是运动的目的，稳定是给不同肢体的运动创造支点，为不同部位肌肉力量的传递建立通道。霍奇斯等人运用肌电图仪对人体做全身运动时的上肢肌、下肢肌和核心肌肉进行了测试。结果表明，核心肌肉（腹横肌、腹内斜肌、腹外斜肌、腹直肌和多裂肌）肌电的发生早于上下肢肌肉，尤其是腹横肌的肌电明显早于三角肌和下肢主要肌肉。因此他们认为，核心肌群的提前动员使身体的核心部位首先做好准备，为四肢的发力建立支点。核心部位的力量不单纯涉及单块肌肉收缩力的大小，更重要的是神经对多块肌肉的支配和控制能力。

## 五、核心力量的生物力学作用机制分析

有关生物力学的研究结果表明：人体在两臂下垂的对称站立姿势中，身体重心位于第1至第5骶椎的某一水平面上，在髋关节额状轴上方4～5厘米处，接近人体正中央的矢状面稍向右偏的骶骨与耻骨之间；取卧姿时，身体总重心向头部偏移。身体重心会随人体姿势的变化而改变，运动时变化范围更大，有时会移出体外。重心在一定范围内随着运动姿势变化而改变的特性，是确定核心肌肉的主要依据。

人体分为头、躯干、上臂、前臂、手、大腿、小腿和足等多个环节，各个环节连接起来构成生物运动链，力作用在生物运动链上，各环节发生相对位置改变，于是产生了人体姿势和运动状态的变化。躯干是人体生物运动链上的枢纽环节，在运动中对技术动作的发挥和能量的传递起着至关重要的作用。由于躯干由多块骨骼组成，关节较多且结构复杂，要充分发挥躯干在生物运动链中的作用，躯干的平衡稳定性尤为关键。在运动中，躯干的平衡与稳定影响着各种动作的技术发挥和运动环节间的能量传递。人体在运动期间，重心起伏不定，姿势不断变化，躯干始终处于一种平衡稳定——非平衡不稳定——平衡稳定的动态变化中，在

这个变化过程中人体依靠核心力量来调整姿势和维持躯干的平衡稳定。核心力量训练中的非平衡不稳定支撑练习，就是为提高躯干的平衡稳定性而进行的身体练习方法。这种在不稳定的支撑上进行的核心力量训练，能够创造独特的动态训练环境，练习者进行训练时必须依靠核心力量保持身体的平衡与稳定，这增加了神经肌肉的训练负荷。实践证明，在这种动态非平衡不稳定环境中进行的核心力量训练不仅对核心肌群的力量增加有明显作用，而且能够增强人体的平衡能力及躯干的稳定性，从而达到提高运动能力的目的。

## 六、“猎豹扑食”之腹式呼吸

腹式呼吸将精神和肉体、灵性和生理紧密联系在一起，它使气息遍布全身，进而起到放松身心、增加机体活力的作用。人一出生时就是用的腹式呼吸，只是后来慢慢长大，因为环境和习惯的关系，慢慢转化为胸式呼吸。人体通常的吸气只能到达肺部，这是由于横膈膜的微孔阻塞影响了气的流通。这种胸式呼吸的最大缺点是不能大量吸入新鲜空气。

现代医学研究认为，人们在进行腹式呼吸时，由于腹部肌肉紧张与松弛交替发生，从而使局部肌肉内毛细血管也交替出现收缩与舒张，由此加速了血液循环，扩大了氧的供给，同时也有利于机体代谢产物的排除，对全身器官组织起到调整和促进作用。另外，腹肌的收缩和放松也是一种良好的按摩，它可以促进胃腹运动，改善消化机能。同时，腹肌又是排便的动力肌，所以有规律的腹式呼吸锻炼还有利于防止习惯性便秘。能大幅改善肺功能：腹式呼吸的最大特点是能够增加膈肌的活动范围，而膈肌的运动直接影响肺的通气量。研究证明，膈肌每下降1厘米，肺通气量可增加250~300毫升。坚持腹式呼吸半年，可使膈肌活动范围增加4厘米，这对于肺功能的改善大有好处，是老年性肺气肿及其他肺通气障碍的重要康复手段之一。

腹式呼吸锻炼前的准备工作是：戒酒、排便、放松腰带。选择空气新鲜的地方，或站或躺，姿势不限。腹式呼吸的基本要领是：思想专一，先呼后吸，吸鼓呼瘪。具体方法：把腹部当皮球，用鼻吸气使腹部隆起，略停一两秒后，经口呼出至腹壁下陷。每分钟五六次即可。一般每日2次，在城市可选在上午10时和下午4时，每次约10分钟。腹式呼吸的关键是：无论是吸还是呼都要尽量达到“极限”量，即吸到不能再吸，呼到不能再呼。同理，腹部也要相应收缩与胀大到个人极限，如果每口气直达下丹田则更好。

## 第四节　猎豹扑食养生功效

### 一、“猎豹扑食”之腹式呼吸法养生保健功效

“猎豹扑食”采用腹式呼吸法。练腹式呼吸一般是用来养生保健，由于其吸入的氧量高于正常情况下的两到三倍，所以也可用来治疗人体内脏各部位的疾病。如头痛，就可以在吸满一口气时，脚跟突然离地，迫使气体直冲头部，然后呼出。当然，针对不同的康复治疗，均应有药物配合，而且要在医生指导下进行。 腹式深呼吸是健肺的好方法，采用腹式呼吸有以下好处：第一，扩大肺活量，改善心肺功能。能使胸廓得到最大限度的扩张，使肺下部的肺泡得以伸缩，让更多的氧气进入肺部，改善心肺功能。第二，减少肺部感染，尤其是少患肺炎。第三，可以改善腹部脏器的功能。它能改善脾胃功能，疏舒肝利胆，促进胆汁

分泌。腹式呼吸可以通过降腹压来降血压，对高血压病人很有好处。第四，对安神益智有好处。

如何进行腹式呼吸呢？腹式呼吸的原则是把腹式呼吸跟胸式呼吸配合进行，就是在胸式呼吸的同时增加腹部的鼓起及回缩。具体方法如下：第一种叫顺式呼吸，就是在吸气时把腹部鼓起，呼气时把腹部缩回；第二种叫逆式呼吸，就是反过来，吸气时将腹部收缩，呼气时再把腹部鼓起。

做腹式呼吸时注意把握以下几点：第一，呼吸要深长而缓慢。第二，用鼻呼吸而不用口。第三，一呼一吸掌握在15秒左右，即深吸气（鼓起肚子）3～5秒，屏息1秒，然后慢呼气（回缩肚子）3～5秒，屏息1秒。第四，每次5～15分钟。做30分钟最好。第五，身体好的人，屏息时间可延长，呼吸尽量放慢加深。身体差的人，可以不屏息，但气要吸足。每天练习1～2次，坐式、卧式、走式、跑式皆可，练到微热微汗即可。腹部尽量做到鼓起缩回50～100次。呼吸过程中如有口津溢出，可徐徐下咽。所谓腹式呼吸法是指吸气时让腹部凸起，吐气时压缩腹部使之凹入的呼吸法。正确的腹式呼吸法为：开始吸气时全身用力，此时肺部及腹部会因充满空气而鼓起，但还不能停止，仍然要使尽力气来继续吸气，不管有没有吸进空气，只管吸气再吸气。然后屏住气息1秒，此时身体会感到紧张，接着利用5秒的时间缓缓地将气吐出。吐气时宜慢且长，而且不要中断。

腹式呼吸有利于净化血液，促进脑细胞活性化，有利于创造力的开发。做完几次前述方式后，不但不会觉得难过，反而会有一种舒畅的快感。实际上测定呼吸时的脑波，可以知道在吸气时屏住气息的瞬间则大鸣大放，而且在吐气时 α 波也持续出现。也就是说，屏住气息可以使得 α 波更容易出现。做腹式呼吸时，体内会产生一种前列腺素的物质，可消除活性氧的毒素，并且有扩张血管的功能。当你做腹式呼吸法，活动横膈膜时，它会从细胞内渗入血管及淋巴管，去除活性氧的毒素，促进血液循环。此外，做腹式呼吸可使腹部的各个内脏受到呼吸节奏的刺激。这种刺激透过神经，作为一种和缓的呼吸节奏的自我调节信号传至脑部，脑部在接受这些刺激之后便成为α状态。人靠呼吸存活，呼吸停止人马上就会死亡，呼吸重要到几乎等于人生，只有呼吸的人才有生机。然而一般的人大都只用浅呼吸（胸式呼吸）过活，因此只使用到1/3的肺，另外2/3的肺都沉积着旧空气。如果运用腹式呼吸法（呼吸意识化）进行呼吸，肺就能够被完全使用。腹式呼吸能够让人体摄取更足够的氧气。如此一来，既可净化血液，更能促进脑细胞活性化。所谓好的呼吸是在意识之下“缓缓”进行的，另外“深”也很重要。换言之，意识之下既缓且深的呼吸法是造就α波最有效的方法之一。腹式呼吸法可使脑波维持在12赫兹以下，就大脑生理而言，就是α波最容易出现的时候。同时它能增进脑内啡的分泌，有助于创造力的开发。

## 二、“猎豹扑食”对腰痛的预防及治疗作用

慢性腰痛是常见的临床症状，是一组以腰、骶及臀部疼痛为主要症状的综合征，是神经、肌肉、骨骼三者出现生物力学紊乱的一种常见症候群。总体来说，慢性腰痛并不是一种疾病，而是一组可以引起腰背部疼痛的腰骶部骨、神经及其他软组织疾患的总称，但不包括脊柱肿瘤、结核和脊髓炎等特异性原因引起的腰痛。腰痛是严重影响人类健康的常见综合征。近半数腰痛患者有意减少体育活动，1/5患者的日常生活活动能力明显受限，极大地降低了患者的生存质量。调查发现，澳大利亚80%的成年人有腰痛的经历，已成为致残和误工的主要原因之一。在中国，白领及长期从事坐姿工作的人腰痛发病率约为18%，且呈显著上升趋势。沃德尔指出，医学的发展并没有解决腰痛问题，甚至使其恶

化。腰痛是20世纪医学卫生的灾难和未解的谜团。骨科临床及康复医学界已达成共识，体育运动能有效地增强腰背肌肉力量、改善局部血液循环、减轻和防止肌肉萎缩、促使组织修复，从而增强脊柱的稳定性。已有研究证实，核心力量训练有助于缓解腰痛并有一定的治疗作用。凯伦等以表面肌电图检测20位腰痛患者的肌肉活动模式，研究结果显示，腰痛患者腹肌活动的减少造成了腹背肌群收缩不协调与肌肉萎缩。邱慧薇在其研究报告中指出，核心力量运动是控制慢性腰痛非常有效的治疗方法，并可以减少约70%的背痛复发率。曾薙莉对12名腰痛患者进行12周核心力量训练后，前后对照发现核心力量训练在对患者改善日常生活功能、降低疼痛指数、增加核心肌群控制能力及减少睡眠困扰方面有显著性提高。

在预防腰痛的发生方面，选择持续参加合适的运动训练具有重要作用，特别是对预防复发有着极为重要的意义。美国运动医学会及康复医学会大力提倡核心力量训练，即以局部脊椎稳定运动为基础，加入更多的核心力量功能性训练， 帮助身体找回核心保护机制的记忆，使腰痛患者日常生活功能限制得到改善，降低疼痛程度并从稳固核心来达到预防和减少腰痛发生。

## 三、“猎豹扑食”作为业余活动规避死亡风险

缺乏身体活动成为全球第四大死亡风险因素。这几年，所谓的“懒癌”越来越盛行，“患者们”懒得锻炼、懒得起床甚至懒得呼吸，有商家利用“懒癌经济”大发其财，可对于国民健康，“不动”和“懒”才是无形杀手。很多人认为缺乏身体活动顶多就是胖一些，但是，据世界卫生组织（WHO）2009年发表的《全球健康风险》报告，身体活动不足已经成为全球第四大死亡风险因素，造成6%的死亡，仅次于高血压（13%）和烟草使用

（9%），其风险与高血糖（6%）相同；全世界每年约有320万人因为缺乏身体活动而死亡。“身体活动”不等同于“锻炼”。身体活动是指由于骨骼肌收缩使机体能量消耗增加的活动，包括工作、出行、家务和业余活动；而锻炼则属于业余活动。需要强调的是，以上4种身体活动，任何一种都对健康有益，最好是能够经常参加全部4种身体活动。“猎豹扑食”则属于一项业余活动，相比于现代体育等其他身体活动，“猎豹扑食”则具有以下优势：活动地点不限，用时少，可利用碎片化时间进行。锻炼的效率高，身体多部位、多块肌肉同时参与，运动效果好。“猎豹扑食”可作为身体活动的优选，对于提升生命质量、延长生命长度具有很好效用。

# 第十章
# 柔击术之“龙行天下”

## 第一节 龙行天下释义

柔击功法创始人何明清师傅在创设“龙行天下”时主要受龙的形态、寓意和原型的启发，结合龙的外在形象特征以及其中华文化内涵赋意而生。因而“龙行天下”这一动作不仅是一种符号性的物质载体，更保持着中华儿女对龙这一物种的美好愿望和其独特的文化意义，在柔击术中具有其独特性和唯一性。正如清代陈昌治刻本的《说文解字》对龙的描述：“鳞虫之长。能幽，能明，能细，能巨，能短，能长；春分而登天，秋分而潜渊。从肉，飞之形，童省声。凡龙之属皆从龙。”这一段关于龙的描述中说明了龙具有“鳞虫之长”“春分而登天，秋分而潜渊”“能幽能明”和“从肉，飞之形”的四个特点。以下将针对龙行天下的形与意中体现龙的特点的部分展开说明解释。

柔击术动作的产生大多受到了自然界动物动作形态的启发。而龙这一物种更为独特，它以蛇为主体，综合了自然界中各种动物的特点，被誉为带有鳞片的动物以及虫类动物之长。这一类动物往往身上带着鳞片，具象到龙身上则是龙鳞，也就是河南安阳小屯村出土的土蟠龙龙纹盘上的龙纹——云雷纹。肝藏血，血养经。龙行天下这一动作起伏相交，刚柔并济。一可疏通气机，滋养肝脏，从而调节血量；二能增大肺活量，强肺护肝，活络经脉，通气血，从而康达皮肤。使练习者皮肤更为健康，宛若龙鳞一般，也可增强练习者自身的免疫能力，从而抵御外界疾病干扰，使肌肤重生，神采奕奕。

春分而登天，秋分而潜渊，这说明龙主要是生活在天上或水中。龙在秋分而潜渊，这虽是古人的一种想象，但人们认为雨和龙是有关联的，人们认为龙神的雨正是秋分潜渊时吸足水分而春分登天吐出来。所以甲骨文的“龙”字都特别强调一大“口”字，这和人们想象龙是一种吸水的神仙有关。柔击术的“龙行天下”具有攻防之意，可将敌人的力巧妙转化出去，此时的“力”就好比龙的“雨”，力由一侧牵引至另一侧，就如龙秋分时潜渊储水，春分时登天吐水一般自如，从而达到“行天下”的境界。将力从一侧引至另一侧，乃为攻防之时的同一时空下的引力，而将练习中的力引到练习者自己身上，强化自身，以备健身与防身时使用，则是将力从他方引入己方，为不同时空下的引力作用。

能幽能明，能细能巨，能短能长，这是龙的形态特点，也是柔击术之“龙行天下”的动作外形特点。练习者可根据其练习要求和对抗要求，调整动作的上下和左右幅度、动作距离、动作力度以及两手之间的间距，使得动作可明可消，可大可小，可长可短，这正是《说文解字》中所描述的“能幽，能明，能细，能巨，能短，能长”。“龙行天下”的动作正是如此变化随心，在面对不同场合时可以通过不同的外形显现来满足练习者的不同要求。

“龙行天下”这一动作在练习后期亦可达到速度似飞、反应如闪电、迅雷不及掩耳之势。练习者通过日复一日的练习，可锻炼其反应能力以及腿、腰和手臂力量，使练习者力如闪电般劈人，动作似飞无影。这正是《说文解字》中所强调的龙的特点：“从肉，飞之行”。也是人们赋予龙以“闪电”“雷神”等物的意向，将闪电的腾空而飞写照出来。

在反复练习“龙行天下”之后可以发现：双臂抓握时中空中通，虽空却似力量缓冲之境；练习时不自觉发声，声似从丹田而出，沉稳而爆发，洪亮而有力。《广韵释龙》：“通也，和也，宠也，鳞虫之长也。易曰云从龙，又姓，舜纳言龙之后。”在《广韵》对“龙”的释义中，龙的首要义项便是“通”义，通者，达也，空也。中通，中空，此义和龙的原型特点有关。《山海经·海内东经》记载：“雷泽中有雷神，龙身而人头，鼓其腹，在吴西。”《淮南子地形训》记载：“雷泽中有神，龙身人头，鼓其腹而熙。”这两则文言文都记载了龙的原型，一个是雷神的形貌为“龙身人头”，二是能鼓腹而熙。雷神因为能发出隆隆的声音，似山崩地裂，先民认为是“天怒之音”，对其十分崇拜。《山海经·大荒东经》记载：“东海中有流波山，入海七千里。其上有兽，状如牛，苍身而无角，一足，出入水则必风雨，其光如日月，其声如雷，其名曰夔。黄帝得之，以其皮为鼓，橛以雷兽之骨，声闻五百里，以威天下。”古人想象雷神是龙的原型，雷神的肚子是中空的，能当鼓用，而发出隆隆之声。其声威慑天下，其身份为神，雷神和龙都是“尊贵”“高大”“中空”的象征。柔击术的“龙行天下”动作设计正是希望练习者通过形的“高大”“中空”及发声的“形似”，“意达”龙的背后含义的“尊贵”“不怒而威”以“行天下”。真正将龙的形象人格内化，练形亦练神。

# 第二节 龙行天下动作要领

## 一、基本动作

两腿与肩宽，膝盖微微弯曲；身体倾向左侧，两手做抓握状，从左膝左侧抽拉至腰部，同时转胯，再从腰部抽拉至脑袋右侧（图10-1）。

图10-1 “龙行天下”练习正面示意图

**动作要领**

假设自己在左下方抓好重物，想把它大力往右侧扔出去，又舍不得，马上抓住往下拉回来。然后进入下一个循环。

分解讲解：

1. 起势：两脚站立，与肩同宽，脚尖朝前，膝盖微微弯曲，朝向左前方，胯也朝向左前方。腰部弯曲，胸与肩部内含，肩膀朝向左侧。手臂向左，一手在左膝盖后侧，一手在左膝盖前侧，两手臂好似抓住一节枝干，如同龙嘴衔住某物。此为一个定点动作，重心向右膝盖偏移放低。

2. 抽拉一：当龙嘴咬住某物，也就是双手臂抓住一节枝干，手腕下压，着力点在手腕上，往腰部拖拉。此时膝盖、胯部由左前方转向正前方，肩膀由左侧转向前方。五脏六腑的内含，也就是胸部与肩部的内含，慢慢舒展。两手拉到身体两侧，手臂弯曲，整个似抽裤腰带动作。这一连贯动作是为将敌手的力牵引到五脏六腑加力，准备卸出的过程，腰部由弯到直，手腕由低位至中位，均是将力由原位迁移。此时重心转为正中偏低。

3. 抽拉二：当身体及膝、胯和肩均朝前时，这是“龙行天下”二段动作的起始定点。先做胯部的拧动，用五脏六腑的力将胯的方向拧动到朝右前方。在拧动过程中，身体稍往左后蹲，左膝盖弯曲度增加，右膝伸直，重心由中间向左边偏移。两手在腰部两侧，抽拉至肩部高度，身体左侧，力点始终在手腕处，宛如将重物送出去，手腕运动做抛物线状。在手将力送出去时有明显的送力点，此时胯以上的上半身朝右侧。当把力送出时，两手臂也似“龙尾”一样摆出去。

## 二、练习要求

30个1组。以两人相互练习为佳，体会相互抵抗再抽拉的感觉。每日以3组为佳。

两位练习者应该在身高、体型与力量上相当，如此便可在练习过程中达到相互提高、共同进步的最佳效果。在练习时注意互相体会对方的击力以及可承受力量，当发现自己的搭档与自身的技巧相差较大时应及时点拨。较弱一方应及时增加练习量，潜心提高，否则两人应及时更换搭档练习，以保证自身的练习效果。

## 三、易错动作

### （一）简单用肩膀带动抽拉，未以腰部带动

“龙行天下”的一二段动作之力皆以五脏六腑之力为源泉，具体表现为以腰部带动四肢的动作，主要用力在手腕、手臂上。若仅仅使用肩膀或手臂、手腕的力量，一是无法撼动敌手，二是容易伤到自身，某一关节力量使用过大，超出关节负荷，容易造成关节劳损和关节错位等不良伤害。

### （二）脚步晃动，重心不稳

在进行“龙行天下”实际的操练中，无论动作处于第几段，重心始终是下沉的，这样可以保证自身是稳定的状态。虽然“龙行天下”这一动作较特殊，在进攻和防守的过程中可以审

时度势地移动双脚，但实则练习者每次落地仍需要结合“五趾抓地”的要点，使得脚下生根，根可由自身需求转移却不为他人撼动，是练习的最高境界。只有将重心下沉和五趾抓地这两个要点把握住了，动作才算是成功了一半（另一半为娴熟收放五脏六腑的力量）。

### （三）练习中未体现出刚柔的变化

“龙行天下”的整个动作中，以上身身体运动较为明显，尤其是手臂运动。在运用这个部位的力量时，强调使用手腕的力量，也就是动作的“龙头”和“龙尾”。在“龙”的定位和摆尾过程中讲究由腕部去主动地带动手掌，而不是由手掌带动手腕。根据对方的攻击点机动确定“龙头”的落点，可高可低，但不变的是需要突出腕部的顿挫感：一提一压，擒住对手。整个过程干脆利落，在抽拉的过程中，刚中带柔，柔中有刚。

## 第三节　龙行天下运动人体科学解读

从整体看，练习者在进行“龙行天下”这一动作练习时，身体处于一个非直立的多弯道状态。其中，练习者的膝盖、胯部、胸腔、头部和手腕形成了五个平衡角，在多弯道、多角度的状态下利用倾斜幅度的大小来寻找重心线，以胯部和胸腔（五脏六腑）为主要发力部位带动完成动作。如果在练习过程中某一个部位的幅度和发力不足，或是倾斜角度过大，都会影响“龙行天下”的重心和稳定，某个部位控制力、爆发力不足也会导致身体重心的偏移。反之，如果各部位形成的角度能够达到协调统一，力量用得恰到好处，通过“龙行天下”则会使得身体的协调性得到充分锻炼以及在攻防过程中占据一个较优的地位。

再者，“龙行天下”的手臂动作更是以大幅度的钝角摆动为特点，在身体随着胯部转动的基础上，一只腿微微弯曲作为承重腿，以此为半轴，胯部侧推顶转，另一只腿拉伸直作为辅助腿，支撑上身的部分重量，同时发力支撑上半身的大幅度动作。“龙行天下”主要是依靠身体和胯部之间的配合来控制平衡，充分且灵活地利用两腿之间的重量转换，利用侧腰肌和胯部的控制力来掌控身体和调节重心。

“龙行天下”这一动作看似是原地动作，但要做到保持重心和动作到位并不是一件太容易的事情。无论练习者想要通过“龙行天下”达到多大的动作幅度，还是力量多大的攻防动作，膝盖、胯部和腰部三个部位都起着决定性的作用，只有合理、准确地运用膝、胯和腰三个部位才能使动作达到标准，重心达到稳定。通过短时间快速的一定幅度推胯、不同节奏的360° 转胯来增强胯部能力，训练时要求练习者能够在瞬间快速、准确地完成一定幅度的胯部移动，从而增强缝匠肌、长收肌、髂腰肌、臀大肌、股直肌、股四头肌、阔筋膜张肌的控制能力。所以在练习过程中，含胸拔背练习好核心力量是至关重要的，且膝、胯和腰三个部位的柔韧与力量练习也是必不可少的。

除了膝盖、胯部和腰部三个部位的把控重心以外，手腕的灵活运用同样是“龙行天下”的重要影响因素，对该动作的成败有着直接影响。手腕的提压影响到力量的获取和释放，手腕作为手掌与手臂连接的重要部位，是手臂力量乃至五脏六腑力量与手掌和手臂融合的基础，与练习者需要的动作速度、幅度和力度密切相关。练习者通过手腕传递手臂力量直至手指，进而作用于敌手，在这一过程中，手腕发挥着不可替代的作用。在一组练习以及实战练习中，手臂力量如若过于集中于前臂，容易使练习者感觉到疲劳，而灵活地运用手腕的提压则可以较好地释放手臂力量，使之传递于手部，在作用于敌手身上时可以形成一定的反作用力，对提升练习者的身体素质和攻防能力有较大裨益。当“龙头”位置落定时，手腕一旦放松，敌手的动作会立即带动“龙头”形成反作用力，这里所提及的反作用力即手臂肌肉间的反弹力和牵引力。

此时手臂肌肉间的反弹力和牵引力是通过“龙行天下”动作时采用的“龙头”摆动制动而形成的力矩传达的。也就是说，“龙头”摆动时对应的是上臂的自然摆动状态营造的力矩状态，即是手臂侧前伸和另侧上伸的连续交替做“龙行天下”动作。这和人们通常起跳瞬间的自然摆臂技术的肌肉工作机制有着相似性。当手臂做前屈动作时（摆动腿同侧手臂），其三角肌前部肌纤维近固定收缩必然预先拉长后部肌纤维（做退让性收缩）的弹性成分，当手臂做后伸动作时，三角肌后部肌纤维由退让性收缩转为近固定克制性收缩的时间间隔相对较短，因此该肌肉的弹性势能利用率较高且能产生最大收缩肌力。

## 第四节　龙行天下养生功效

“龙行天下”基本动作的练习可以有效防治女性压力性尿失禁等病症。随着年龄的增长，女性出现尿失禁的概率也会渐渐增高，压力性尿失禁的高发年龄是45～55岁。这种现象出现可能与身体中的各项机能出现退行性变化有关，包括盆底松弛、雌激素减少和尿道括约肌退行性变等。另外，老年人中常见的疾病，像慢性肺部疾患、糖尿病，都可能诱发压力性尿失禁。生育的次数与尿失禁的发病率呈正比例，如果年龄比较大才生育的女性，出现压力性尿失禁的概率也会比较高，此外，顺产比剖腹产更容易患上尿失禁。在生产过程中，如果使用了助产钳、吸胎器、催产素等，同样会增加中老年出现尿失禁的概率。大体重胎儿的母亲发生尿失禁概率也很高。

另一个与压力性尿失禁紧密相关的因素就是盆腔脏器脱垂。盆腔脏器脱垂患者盆底支持组织平滑肌纤维变细、排列紊乱、结缔组织纤维化和肌纤维萎缩可能与压力性尿失禁的发生相关。

根据统计，身材肥胖的女性患压力性尿失禁的概率会明显增高，而减肥能够帮助降低尿失禁的发生率。目前的医学研究已经证实压力性尿失禁与遗传因素有明确相关，压力性尿失禁患者患病率与其直系亲属患病率显著相关。

“龙行天下”的胯部旋转动作配合柔击术的自然呼吸法则不仅作用于盆底肌肉，通过呼吸使整个腹腔、胸膈运动，胸腹压得到了调整；而意念的运用，调整植物神经，调节内分泌功能。“龙行天下”的胯部旋转动作也是动态的提肛运动：通过反复的摆臀和臀部旋转动作，以脊柱带动骨盆运动，可使盆底肌肉群有规律地收缩和舒张，缩紧肛门和阴道的肌肉，提高尿道阻力，增强尿道闭合压力，并改善逼尿肌与尿道括约肌弹性，恢复松弛的盆底肌肉。同时摆臀动作可增强腰、髋关节的灵活性，对脊柱及内脏能起到按摩作用。合掌旋转，目随手走，颈部活动可促进颈椎的健康，对肩、肘、腕及掌指关节可起到牵拉和推摩作用。可使身体各部分协调配合，改善平衡能力。“龙行天下”的胯部旋转动作有可见动作，便于集中练习指导，群体练习可以更好地调动练习者的依从性和积极性，改善因尿失禁引起的焦虑、抑郁及人际敌对等不良情绪。此外，通过“龙行天下”的胯部旋转动作治疗压力性尿失禁有效的练习者，即使症状已经改善，仍须持之以恒，以防复发。

# 第十一章 柔击术之“风驰电击”

## 第一节 风驰电击释义

“风驰电击”这一动作之名取自于《六韬·龙韬·王翼》：“奋威四人，主择材力，论兵革，风驰电掣，不知所由。”在该句中，“风驰电掣”用来形容迅速出击。而柔击功法中的“风驰电击”取名于此，却不止于此，在迅速出击之外又涵加了属于柔击术自身的含义，分别为风、驰、电、击。风和驰表达了“风驰电击”动作的风格，电展示了“风驰电击”动作的威力，而击则是“风驰电击”的基础特点。以下将分别讲述“风驰电击”各字的内涵。

柔击功法中“击”字贯穿在整套功法中，基础动作练习是为基础力量做奠基，因而大多数动作的介绍中都强调了“含胸归元”动作的重要性，将五脏六腑锻炼强壮之后才有后面一系列动作的升级，这是“击”的力量来源。因而说“含胸归元”动作是后面延伸动作的基础动作，在“含胸归元”的基础上进行身体其他小部位的辅助练习。在双人动作中，每个动作皆蕴含着实战中的攻防意识，这时就需要运用到前段练习中单人动作的力量了。如何在实战或练习中通过双人动作将这一力量发挥出来，是柔击功法中的“风驰电击”所主要解决的问题。

“风驰电击”既为柔击术双人动作中的运用力量之基础动作，也与柔击术一样，关键在于“击”字。清代陈昌治刻本《说文解字》中关于“击”的繁体字擊解释为：“攴也。从手毄聲。古歷切。”将擊拆开来看，“擊=手+毄”，继而有“毄=軎+殳”。《说文解字》又有“車軸耑也。从車，象形”。也就是说“击”字源于古时马车两个车轮的外侧配件。軎是用于固定车轮，将軎套于轴的最外端，防止轮子脱落。辖是穿过軎与车轴的一个销子，将轴与軎锁定为一体。《淮南子·人间训》：“夫车之所以能转千里者，以其要，在三寸之辖。”辖则为这三寸要害之处。辖如果损坏了，车轮随时都可能从车轴上脱离，所以，车行千里之路的关键是在于辖的质量。从此来看击字的内涵，则是击打当击中三寸要害之处，以关键击之。这是柔击术创始人何明清在始创柔击术时因击字字源文化所得感悟。击字本含一击要害之意，一分的力量都不可浪费。

从击字古字形来看，殳，字形是一手拿着个锤子。手+軎+殳，从字形上看，就是一手扶住軎，一手拿着锤子敲过去，显然是要把辖敲进軎里去。因此，敲打就是击的本义。“风驰电击”中的“击”正是此敲打之意，借助手臂的发力，将五脏六腑的似电一般的力量以如风之速度击中敌手三寸要害。

击是“风驰电击”这一动作的核心含义，其提要前文已有详细说明。而风则是“风驰电击”的出击特点，唐代李峤的

《风》中关于风的描述有“解落三秋叶，能开二月花。过江千尺浪，入竹万竿斜。”风，为自然界之物象，本是看不见摸不着的，虽无法直接观察风的外部形态与外显特点，但可通过外物在风的作用下原质或原态的改变去表现风之柔情与强悍。秋风能令万木凋零，春风却又能教百花绽放；风过江上时，则水面波浪滔滔；入竹林时，则只见竹竿一齐倾斜。这就好比练习者在练习柔击术的“风驰电击”动作后期时所感受到的动作特点一样。击时能够顺利地将力量使出，而风则代表击这一动作可以灵活使用身体的力量。击出的力量随练习者心愿，似风一般善变，有柔弱，有彪悍。风是多情的，姿态丰盈；但当力量足够大时，又可如同子弹一般将掌驰出。驰，也即是击掌的速度。以力量的灵活运用达到“落三秋叶”“开二月花”“过千尺浪”和“入万竿斜”的效果，以应对敌手千变万化的招式。

电字则是形容“风驰电击”这一动作的攻击效果。《说文解字》有“电，阴阳激耀也。”其认为电是阴气和阳气相激而成的，这意味着练习者可以通过“风驰电击”感受自然阴阳之气，相激击出电之强力。“电”的甲骨文的象形，看起来像是神秘而令人惊恐的霹雳、朝各个方向开裂的闪电。而在西方的科学体系中，电是作为一种能的形式而存在的。其实两者的说法在本质上是相通的。而柔击术中的电，更多的是想要强调如《狮子赋》中“瞋目电曜，发声雷响”之句的含义，既有雷鸣电闪的震慑之威力，又有行动迅速、处事果断的干脆之感。

# 第二节　风驰电击动作要领

## 一、基本动作

### （一）单掌动作

甲乙两位练习者相对站立。两位练习者皆作起势状，双腿与肩同宽，膝盖微微弯曲站立，甲上半身放松，将五脏六腑力量蓄到右手手掌，集中于掌根，向乙的左上肩击去（手与肩为同一方向）。在甲准备出掌时，乙应摒气，绷紧上半身肌肉，当甲击中时左肩微向后仰，利用肌肉紧绷和后仰将甲所击力量释放出去。

### （二）双掌动作

起势与单掌动作一致。甲在出掌前应注意重心平衡，双掌击出寻找定点将力量释放，注意收掌。乙在甲击掌后，可身体后仰缓冲释力。若力量过大，可适当调整身体后仰程度，再大可适当挪动脚步。

## 二、练习要求

60击为1组，即甲乙两人各击30下为1组。每日3组以上为佳。

两位练习者应该在身高、体型与力量上相当，如此便可在练习过程中达到相互提高、共同进步的最佳效果。在练习时注意互相体会对方的击力以及可承受的力量，不断增加每次击掌力量，突破对方的“临界点”，但需保证双方在练习中不会受伤。如果出现无法承受对方力量或受伤的情况，应及时更换练习搭档，寻找更匹配的人选（图11–1）。

图11–1 “风驰电击”练习侧面示意图

**动作要领**

双掌推击同伴肩膀，同伴注意往后弯腰缓冲。注意不要用爆发力，否则容易受伤。主要练习闪躲能力。

## 三、易错动作

### （一）练习过程中出现闪躲现象

在练习过程中，甲练习者（攻击方）可能会由于担心误伤搭档而过分降低自身力量，造成“轻轻拍”的效果，这属于攻击型的“闪躲”；乙练习者（受力方）也可能因为担心对方击掌力量过大，在对方出掌前根据预判提前做出后仰动作，导致甲练习者的击掌落空，这类属于防御型“闪躲”。

闪躲现象是“风驰电击”的易错动作之一，这往往是练习者对于动作目的以及动作原理的了解不足导致的。练习“风驰电击”主要是为了通过“击”这一主要动作，一是锻炼甲练习者的攻击中用力量的能力，二是锻炼乙练习者转换和承受外界力量的能力。如果提前闪躲了，“击”这一动作的力量就会在传导的过程中出现断层，导致力量中途输送失败，使得两个练习者的攻击和防守能力都无法获得提高。

因此，要求练习者和自身搭档相互之间处于一个“绝对信任”的状态，一则是信任其可以接住这一掌，二则是信任其攻击自身可以有效转化和承受。这也是前文中提到当两练习者一旦出现水平差距时应当及时更换练习搭档的原因。既为互相搭档者，就应相互信任，相互了解，共同进步。

### （二）一方或双方根基不稳

柔击术大多数动作都不需要动到脚，即使需要挪动也是视情形需求灵活挪移。因此柔击术非常讲究“五趾抓地”，追求拔地生风，落地生根。

当甲练习者（攻击方）在“风驰电击”过程中出现根基不稳、步频挪动的情况时，通常是因为击掌发力时身体前倾导致重心移动而根基不稳，或是在发力时被手掌力拖拉导致步频挪动。无论是重心保持不好还是发力错误，只要掌握好运力原理即可保持稳定，不动如钟。此时甲练习者要格外注意，出掌时力达掌根，留心体会力量在掌旋转推出时的路线。起势运用好“五趾抓地”，保障起始时的稳定，重心落定。在出掌之前心理确定好掌根击出的定点在何处，也就是说“释力点”在何处。当掌击出到搭档练习者身上的定点时，将力量传导释放。注意，这份力量是通过前期的含胸拔背等动作锻炼提升而来的五脏六腑的力量，而非身体重力势能的力量，因此身体前倾并不能帮助提升击掌力量，反而会导致自身力量减弱（根基不稳），从而出现破绽，易受反击。

当乙练习者（受力方）在“风驰电击”过程中出现根基不稳和步频挪动的情况时，大多数是因为心理恐惧做出提前“闪躲”动作，或是由于注意力不集中和力量分配不当而接不住对方击掌力量。若是闪躲动作，可根据易错动作中的提示进行修正练习。如果练习者是由于注意力不集中而导致接掌不稳就更需要警惕，“风驰电击”是双人练习动作，讲究两人之间的配合和尊重。注意力不集中，一则是体现出该练习者对搭档的不尊重，这是习柔击术时对人文内涵领悟不足的表现。二则是对双方练习的不负责任的举动。当注意力不集中时乙练习者特别容易受伤，这是对自己的不负责。加之对方出力未得到正确的反馈，这则是对搭档练习的不负责。三是使得自身的练习效果减少到几乎为零。当两人练习时，虽然主要动作在甲练习者，但是对乙练习者的要求也不低。首先需要观察甲出掌的规律，预判其可能的落掌点、大小、时间等，根据预判做好自身的身体和心理准备。其次在预计接掌时，需要调动身体力量迎接对方击掌，尤其是根据前面动作“柔”时锻炼的漩涡原理，有效地将对方攻击力量释放出去且不伤及自身。通过无数次练习，不但可提升接掌能力，还可以锻炼乙练习者的观察能力，这是在实战中尤为重要的。

## 第三节　风驰电击运动人体科学解读

### 一、最大力量

创始人何明清师傅在设计“风驰电击”时，主要希望练习者通过此动作练习不断增加自身的“最大力量”以及“爆发力”。最大力量是指肌肉进行最大随意收缩时所表现出来的最高力值，是其他力量素质如快速力量、反应力量、力量耐力及爆发力的基础。肌肉最大力量的提高能够对于其他击中力量素质产生一定程度的影响。这也是前文中提到“风驰电击”为柔击术对抗基础动作的原因之一，只有把最大力量（也就是个人力量阈值）提升，才有可能在各种情况下爆发出自身的各种力量，达到最优效果。“风驰电击”动作满足快速伸缩复合练习动作的练习原理。快速伸缩复合练习动作是一种先使肌肉离心拉长再向心收缩的一种复合型收缩形式。“风驰电击”动作的整个过程分为两段：离心阶段和向心阶段。在离心阶段，由于肌肉被拉长，肌肉中的肌梭受刺激产生牵张反射，并且被拉长的肌肉会产生弹性势能。随后，在离心阶段产生的弹性势能会与向心阶段主动向心收缩产生的力三者结合，从而产生较大的力量。“风驰电击”的击掌动作的最大力量主要依靠手臂传导以及腿部支撑来完成。在这个过程中，这两个部位的肌肉也会产生力量，主要是结合核心部位（五脏六腑）的力量发挥功效。核心力量在练习者进行“风驰电击”的过程中不但起到发力作用，还起到平衡身体的作用，因而核心力量成为影响“风驰电击”动作效果的重中之重。通过练习可以发现，加强核心力量以及躯干位置的控制能力对保持身体平衡，控制身体姿势的正确性具有重要作用，同时可以增加动作打击伤害能力，提高对敌手的威慑效果。

## 二、肋部能力训练

“风驰电击”可以锻炼到的另一个日常补偿锻炼的部位是肋部肌肉。由于在击掌时，会产生一个双肩对抗的动作，此时会产生一个小幅度的肋部节奏转换。通过这一小幅度的节奏转换，练习者可逐步增强肋部胸大肌、前锯肌、腹外斜肌、腹直肌、菱形肌、背阔肌的控制力与爆发力，如前期慢速的小幅度多方位转肋、短时快速的横移肋、跳跃式弧线移肋等。而在乙练习者（受力方）接掌时，有可能产生的步频挪动，主要依靠在半脚尖的状态下进行不同节奏的多角度转膝，使身体力量充分地集中于膝部，以此增强股四头肌、股外侧肌、股内侧肌、胫骨前肌、趾长伸肌、半腱肌、比目鱼肌等肌肉能力和控制能力，当膝部无法微控身体时再产生后弯腰以及步频挪动，从而完成接掌动作。

总而言之，对于以灵活巧动、及时判断的“风驰电击”来说，肋部、胯部、膝部的训练是基础，它决定着重心的稳定和力量的贯穿与形成，而这两方面的提高又能够促使基本能力的加强，它们之间是相辅相成和相互作用的关系。在实际练习的过程中，应该对每一次动作练习、每一个练习环节进行分析回味，不断找到练习重点，改善自身的练习方法，使练习者自己能够快速有效地掌握要点，在每一个弯度、每一个角度之中使自己身体素质得到锻炼和提高。

## 第四节 风驰电击养生功效

### 一、有效预防和缓解肩周炎

肩周炎又称肩关节周围炎，俗称“凝肩、五十肩”，是在肩关节附近肌腱、滑液囊、关节囊、韧带和肩部肌肉出现的无菌慢性炎症和退行性病变，可导致肩部肌肉酸痛、肩关节活动受限及肩关节周围组织粘连。肩关节周围炎大多发生于40岁以上人群中，主要病因是肩关节软组织发生退行性病变，对外界劳动及活动的承受能力变差，由于劳动长期固定于不良姿势，引起慢性症状，肩部急性挫伤、上肢手臂外伤使肩部固定过久，肩部周围组织粘连萎缩，牵拉伤后治疗不当等。临床常见的伴有肩周炎的疾病包括肩关节脱位、颈椎病、肩关节结核、肩部肿瘤、腱鞘炎、化脓性肩关节炎、类风湿关节炎、肩袖撕裂、肱二头肌长头肌腱炎等，均表现为肩部疼痛和肩关节活动功能受限。但由于疾病性质各不相同，病变部位不尽相同，因此临床伴有不同的并发症。肩周炎归于中医痹证范畴，常因年老体弱、气虚血亏、肝肾不足，致使关节、筋骨失于濡养；或在风寒湿邪的影响下经络阻滞寒凝经脉、血运不畅而致。

在肩周炎的诊疗中，大多数医生强调运动锻炼对肩部功能的障碍恢复有着重要的作用，坚持正确而有效的运动锻炼，可以防止和解除粘连，舒经活络，改善局部血液循环，防止肌肉挛缩，增强和改善肌肉的功能。因此在肩周炎的诊疗中运用运动疗法，是一种积极促进肩周炎患者康复保健的有效方法，其中，柔击术的“风驰电击”主要是针对肩周炎症状的治疗，对肩关节活动度的前屈、后伸、外展等指标能够有不同程度的提高。在甲练习者击掌时，掌握了要点的练习者会有意识地拧动肩膀进行击掌，从而带动肩部肌肉活动，疏通经络。人体一共有12条正经，其中有9条通过肩部：手太阴肺经、手阳明大肠经、足阳明胃经、足太阴脾经、手少阴心经、手太阳小肠经、手厥阴心包经、手少阳三焦经、足少阳胆经。只有足太阳膀胱经、足少阴肾经、足厥阴肝经没有通过肩部，但是足太阳膀胱经却是颈椎的大络，对颈肩综合症影响很大。在双人搭配练习中，作为攻击方时，击掌的运力过程带动了对称肌力，以小力量提升关节的前屈、后伸、内收、外展、内旋和外旋，做到对肩关节的充分活动，促进血液循环和淋巴回流，缓解肌肉粘连，同时可以锻炼到通过肩部的9条正经。而在作为受力方时，则可以通过击打的方式，以“风驰电击”动作的爆发力，撕裂粘连的肌腱组织，机体会很快修复，使阻滞的气血得以畅通，舒活经过颈椎的大络。

柔击术的“风驰电击”练习不受环境条件和时间的限制，在工作间隙、早起或餐前有闲暇时均可练习，数量和力度根据自身情况而定。整个练习过程灵活而有效，且负担较小。坚持正确而有效的运动康复锻炼，可预防和消除肩关节的粘连，改善局部血液循环，防止肩部肌肉萎缩，增强和改善肌肉的功能。因此，通过“风驰电击”的长期练习，不仅可以对伏案工作人员中的肩周炎患者的治疗起到很好的作用，同时也对潜在患者也有很好的肩周炎预防效果。治未病，是健康第一步。

## 二、击打健体

击打作为健康保健和导引锻炼的方法，在诸多功法中应用已久。《医宗金鉴·正骨心法要旨·器具综论》中有：“振梃，即木棒也。长尺半，圆如钱大。或面杖亦可。盖受伤之处，气血凝结，疼痛肿硬，用此梃微微振击其上下四傍，使气血流通，得以四散，则疼痛渐减，肿硬渐消也。”其中振梃即为木棒，材质不定，用于敲打病变部位周围，促进气血流通，消肿止痛。南少林推拿疗法也有点穴、捏筋、拍打、正骨、整体推拿以及教患者习练易筋经和少林内功等健体方法，其中的拍打疗法采用竹签拍打，可将皮肤打出红斑、青紫斑等。何明清所创柔击术则取中而见效，无须棍棒等捶打，而是正确引导练习者在日积月累的练习柔击术的同时，借助该形式，通过双人练习动作，两人彼此击掌，不断强化内身防御。击打的力度与击打的数量是在潜移默化中相对适宜个人的，这是柔击术能以统一的功法达到因人而异的功效的关键因素之一。明朝张介宾在《类经》中指出：“今见按摩之流不知利害，专用刚强手法，极力困人，开人关节，走人元气，莫此为甚。病者亦以谓法所当然，即有不堪，勉强忍受，多见强者至弱，弱者不起，非唯不能去病，而适以增害。用若辈者，不可不慎。”过度的击打手法会对人体造成不可逆的损伤。柔击术的“风驰电击”始终强调两搭档者是水平相当的，这既防范了过度暴力的拍打，又避免了隔靴搔痒式的假把式，为每位练习者提供了独特的个人定制式的健体方法。清代医家张振鋆《厘正按摩要术》言明“筋喜柔而恶刚”，这正是柔击术的刚柔结合式击打的缘由之一，令各位练习者在长期的练习中逐渐发现自己与搭档者身体的规律，适量而行，日渐强健。

# 第十二章 柔击术之“角牛叠力”

## 第一节 角牛叠力释义

柔击术功法之“角牛叠力”，起源于对斗牛现象的观察、模仿与理解，好似两头水牛四只牛角纠缠在一起，时而左旋，时而右旋，或猛然间叠力至千斤，并将其中一头牛重重摔翻在地。

西班牙斗牛起源于西班牙古代宗教活动（杀牛供神祭品）。13世纪，西班牙国王阿方索十世开始这种祭神活动，后来演变为赛牛表演（真正的斗牛表演出现于18世纪中叶）。目前，西班牙拥有300多家斗牛场（最大的是马德里的文塔斯斗牛场，可容纳2.5万人）。每年3～11月是西班牙斗牛节，有些时候每天都有斗牛活动，通常把星期日和星期四当作“斗牛日”。参与斗牛的人称为斗牛士。斗牛选用的是一种血统纯正的野性十足的公牛，一般是生性暴烈的北非公牛，它们由特殊的驯养场负责牛种培育，经过4~5年即可用于比赛。其实斗牛选用的公牛都是色盲，但好斗的本性是天生的，只要有摇动的物体就能激起它们的斗志，而无关乎布的颜色。

在中国，斗牛文化也得到重视、保护与开发。斗牛在黔东南俗称“牛打架”，但与西班牙斗牛不同的是，黔东南的斗牛是牛与牛相斗，它是一种民间自发组织的民俗娱乐活动。黔东南麻江县的斗牛历史悠久，并深受汉族、苗族、布依族、畲族、仫佬族、瑶族等少数民族喜爱，其中又以苗族的斗牛文化最为普及和深入。只要有苗族人生活的地方就必定有牛角的存在，说明斗牛和牛角是苗族用理想的文化符号形态表达自己生存意义的表现形式。最初苗族人民用各自的牛相斗取乐，后逐渐发展成固定的打斗模式，最后就演变成了现在的“斗牛节”，形成了当地少数民族的一种“斗牛文化”。他们以斗牛为媒，在斗牛中娱乐，在斗牛中交往，在斗牛中谈情说爱。斗牛是一种集体活动方式，在发展斗牛初期，一头斗牛代表一个村寨参与比赛。还有的地方是一个村寨集体饲养一头斗牛，每到斗牛时节整个村村民都去助威。这说明斗牛深受群众喜爱并且有着普遍和稳定的群众基础，同时也展示了人们对牛的敬爱和崇拜的民族特性。斗牛活动不仅给人们带来了娱乐，而且促进了村民之间的交流，增进感情，促使整个集体更加团结。更重要的是人们以斗牛的方式展示了坚强勇敢的力量和好斗敢斗的思想，对于村民来说，斗牛是一种荣誉和一种信仰。它不仅传承了民俗体育文化，还弘扬了民族精神。

“角牛叠力”源自自然界牛与牛相斗的现象。在很多情况下，可以看到两头牛牛角相触相拱，身体和牛角配合搭档，有时甚至一方会借助对方的力量突然把对方摔翻在地。对于这种情况，用“角牛叠力”来形容恰到好处。角牛即牛角，牛角相互缠绕，牛身之力传至牛角。叠力即叠加力，两牛相斗，牛角承载的既是对手的全身之力，也包括自身所使之力，两力相叠，即为叠力。

## 第二节　角牛叠力动作要领

起源于自然文化现象的“角牛叠力”，发展成以人为主体，又是如何体现其动作要领和为什么要进行“角牛叠力”练习呢？在这一部分，我们主要解决怎么做的问题。一如既往，任何柔击术功法动作的练习，都强调起势动作以及其作用。

### 一、起势动作

“角牛叠力”的练习首先要求基本的起势动作，对身体各个部分的造势要求极高，只有高质量的造势动作，才能展现出“角牛叠力”的效果与魅力。

所谓起势动作，即脚趾抓地，脚心受力，双脚距离略比肩宽，自然站立时脚尖朝前或稍向内扣，大腿呈现半蹲姿态，大、小腿角度约为120°，膝盖最好不要超过脚尖（腿特别长者也可略微超过脚尖）。与扎马步不同之处在于，“角牛叠力”的起势动作要求胯向前顶，臀部内收成紧致状态，背部向后呈现弓状，含胸至背部肌肉拉伸开来至感受到张力。双臂沿着身体两侧自然下垂，方向随着背部的弯曲趋势，手掌掌心向上，目光前视，自然呼吸。此谓“角牛叠力”之起势动作，合练的两人必须同时做到。

一般而言，脚心受力最为舒服，也最能站得稳当。最佳的站立姿态是身体重心与脚心在一条垂直于地面的直线上，力量绕过小腿外侧，从大腿内侧而上直达胸前，与手臂的发力起点相合。

足尖内扣紧贴地面以分膝张力，足底与地面成圆弧走向摩擦吻合，这样如机械摩擦黏合作用把地面与人体紧紧贴住生力，传递和消除地面反作用力达到根固不浮。

## 二、动作要领

两人在起势动作的基础上，握拳，前臂相接触发力制衡，用五脏六腑激发身体核心所发出的力量带动肩部，肩部带动上臂，上臂带动前臂，实现力的传导。这种力是由内而生，不同于现代运动科学如健身所强调的单项肌肉的练习来增加身体各部位的力量，而忽视了五脏六腑身体核心的训练。内家拳也认为，人体的五脏六腑充当力的发动机的功能，唯有如此，才能达到力的源源不断传送，从而达到与人制衡的效果。

需要强调的是，“角牛叠力”这一动作的过程不是静止的状态，制衡是动中有静、静中带动的状态，讲究顺势而为。首先，需要身体核心部位，即五脏六腑的扭动、旋转、产生发力的动能，带动肩部与手臂的扭动旋转。在这一过程中，肩部和手臂的扭动变换既是自然而然的带动作用，也是主动发力配合的过程。动中之静体现在足部、腿部、臀胯部位务必保持静止状态。足部稳定技术不仅要求足部动作保持平衡，更需要贯穿腿部线条、髋关节线条、臀胯部线条使之保持稳定，若足部腿部动作出现重心前移、旁移或后移，则会出现失误，产生错误动作。在双人纠缠竞技过程中，稳定技术是一项容易出现失误的指标，脚下不稳定则会引起身体晃动、重心倾斜等失误。

双臂旋转的完成很大程度上取决于重心的控制，须时刻保持身体的力量向中轴线汇聚，保持身体的正确姿态。要想达到叠力的效果，练习双方需用双臂感知对方实力的大小，从而实施对抗力，而不是一开始便与之一击倒地。“角牛叠力”，强调双方的配合，强调势均力敌的双方实力，强调顺势而为、借力叠力，长久练习，使得双方共同叠力、实力大增（图12）。

图12 “角牛叠力”练习的侧面示意图

**动作要领**

双方以前臂相抵，一个人的手臂不管往哪个方向挥，另一个人必须把前臂时刻顶住，要知道对方的发力方向，随时调整自己的用力方向。如果没有顶住，对方可能会把拳头挥向自己。

## 三、练习方法

“角牛叠力”与太极推手的练习方式与目标大致相当。两人手臂相搭，按着一定的程序互相推挽，周而复始。初练习时，一个“角牛叠力”动作，每次能够持续练习达到3分钟；循序渐进，每次练习时间能够达到10分钟。练习至自我实力感觉明显提升，手臂腰腹核心力量大增，自我感觉身体强健，大大增强对力量变化、对手重心的感悟能力，能够凭借皮肤的接触感知对手的变化意图。

## 四、练习感受

在大部分的练习者中，可以明显看出的是“角牛叠力”时手臂在动、在旋转、在抗衡，看似轻松自然，实则难度不小。“角牛叠力”对身体的协调性、核心的稳定性要求很高，它特别强调五脏六腑的功能，在双方抗衡一段时间后，会变得游刃有余，轻松自然，此时再提升自我修炼，恐怕需要更换对手，再次抗衡提升。练习一段时间后的心情会特别舒畅，呼吸通畅，消化系统良性循环。在练习中，要记得排除杂念，调节气息，做到意气相随，解除中枢神经系统的疲劳。

## 五、动作注意要点

在“角牛叠力”练习过程中，强调深呼吸。由于整个练习过程都是发力状态，短浅的呼吸不仅会让练习者的大脑缺氧，很容易疲惫，而且还容易诱发多种疾病。深呼吸即腹式呼吸，吸气时鼓起肚子，呼气时充分将腹部空气排空，但同时还要尽量放松全身的肌肉，平心静气地呼吸。具体为：伸开双手，肺腑用力深深地用鼻吸气，直至不能再吸入空气为止；再将吸入的空气运降至丹田，闭气调息约数秒钟，再由丹田处经肺脏、气管、喉头呼出来。深呼吸在练习过程中有提神醒脑的功效。另外，气沉丹田，有利于疏通五脏六腑，增强五脏六腑的功能。在练习的过程中，注意不要憋气。

“角牛叠力”内练气行，谓之“养气”和“练气”，柔击术功法练习者应将此视为“角牛叠力”的“功中之功”。要求以意行气，气行沉着，乃能收敛入骨；以气运身，务令顺遂，乃能便利从心。倘若没有练出气的正确运行，那么气必不沉于丹田而浮于胸，在动作劲捷时，必定会气促，气促便力浮，力浮则重心不稳，劲力难以顺达。若运气正确，气达丹田，运行顺达，便能力由脊发，经肩而达肢节。因得全身之力，自无飘浮之弊。柔击术功法讲究终使力作用于对手，而力也始于“气”，有“气”才有力，“少气则乏力”。通常称力为“力气”或“气力”，正说明“气”与“力”的关系极为密切。传统拳法大家总是强调以养气为本，练气为法，说明了功中练气的重要性。

“角牛叠力”的对抗力势，练习时神感肤察，自然反应，自由发挥，把拳力在对抗中形成条件反射，逐渐达到《打手歌》所描绘的境界：“掤捋挤按须认真，上下相随人难进。任他巨力来打我，牵动四两拨千斤。引进落空合即出，粘连黏随不丢顶。”“掤捋挤按须认真，采挒肘靠就屈伸。进退顾盼与中定，粘黏连随虚实分。手脚相随腰腿整，引进落空妙入神。任他巨力来打我，牵动四两拨千斤。”

## 六、易错动作注意

“角牛叠力”讲究抗衡以使双方提升，达到势均力敌的效果。双方练习过程中切忌做轻松应对之态。

“角牛叠力”强调力的源泉来自五脏六腑，通过五脏六腑、核心的带动，从而带动肩部、手臂，实现力的传导。但是肩部、手臂等的配合既是顺势而为的结果，更有主动发力的趋势。因此“角牛叠力”改变了以往习武者偏重某一方面的练习，如只练肢体动作花样，而忽视了呼吸、内脏的修炼。

“角牛叠力”注重起势动作，注重下盘的稳定与静止不动状态。在练习时，练习者很可能会忽略这一点，随着身体某些部位的扭动旋转带来整体的活动，不能正确地练习，使得练功效果不佳。

# 第三节 角牛叠力运动人体科学解读

柔击术功法之“角牛叠力”，如其他动作一样都有其内在的运动人体科学原理。“角牛叠力”表面是手臂交锋抗衡，实则考验双方的“内力”大小和感悟能力，考验多项身体素质和意识，主要包括核心的稳定、五脏六腑的实力、头脑思维等。体能是竞技项目的运动基础，良好的体能训练是技、战术训练和提高运动成绩的基础。“角牛叠力”被搬上竞技舞台对运动员的体能也是一大考验。制定专业化的体能训练方案就必须了解该项目的能量代谢特点。“角牛叠力”作为提升练习者竞技水平的练习科目，属于有氧和无氧相结合的运动形式，要求练习者或对抗者具备坚持到比赛结束的充沛体力，保证技、战术地运用和发挥。

关于“角牛叠力”，有人从运动神经肌肉方面探讨其运动规律，旨在为训练提供科学的指导与服务。通过表面肌电图来比较与分析初学者与精进者在“角牛叠力”技术动作中各肌肉用力特点，从神经肌肉方面探讨与揭示“角牛叠力”的运动规律。

在对练习者推、按、抗、衡阶段动作IEMG的分析中发现，初学者在推、按、抗、衡阶段，胫骨前肌、腹外斜肌、背阔肌以及肱桡肌4块肌肉同时开始放电，腹外斜肌最先结束放电，背阔肌放电持续时间最长，肱桡肌、三角肌和斜方肌的IEMG值最大；而精进者胫骨前肌以及股外侧肌最先开始放电，腹外斜肌最先结束放电，肱桡肌和背阔肌放电持续时间最长，三角肌和股外侧肌的IEMG值最大。这说明初学者在推按和回掤阶段技术动作顺序不协调，主要发力肌群为上肢集群，躯干肌群和下肢肌群发力相对较小。

在发劲阶段，初学者股外侧肌、腹外斜肌和肱桡肌最先开始放电，腹外斜肌最先结束放电，背阔肌放电持续时间最长，三角肌的IEMG值最大；而精进者股外侧肌最先开始放电，也最先结束放电，背阔肌放电持续时间最长，股外侧肌的IEMG值最大。这表明在发劲阶段初学者主要发力肌群为上肢肌群，下肢肌群放电相对较少，而精进者力来源于下肢，传递于腰腹，最后达于上肢，上肢用力相对较少。

相较于精进者，初学者的腹外斜肌在这个过程中放电开始时间稍早，而结束时间又稍晚。初学者腹外斜肌的作用持续时间比精进者的长，初学者单位时间内腹外斜肌的作用效率下降。由此说明，“角牛叠力”的技术动作，腰部腹外斜肌起到力的传递作用，手的动作必须在腰的支配下完成运动，腰部是上下肢体的纽带，把力由下肢传到上肢。腰部腹外斜肌的作用情况决定下肢力向上的传递效果。这也从微观力学理论证明了“角牛叠力”所要求的“上下相随”。

通过分析对比初学者和精进者在“角牛叠力”中的肌肉肌电情况，得出“角牛叠力”精进者在推、按、抗、衡阶段以及发劲阶段的过程中主要发力肌群为躯干肌群和下肢肌群，是力从下肢传递于腰腹，最后达于上肢的过程。因此初学者在练习“角牛叠力”动作的同时，应有针对性地通过其他动作的练习来加强躯干肌群、腰部以及下肢肌群的力量和协调性，尤其应增强腹外斜肌、背阔肌、股外侧肌及胫骨前肌的训练，并且可以结合自己的实际情况采取相应的训练手段。

柔击术功法之“角牛叠力”练习过程中，初学者经常会技术动作不太协调，表现为部分上肢肌肉、躯干肌肉和下肢肌肉同时开始放电，而精进者为部分下肢肌肉和腰腹肌肉率先开始放电，技术动作协调连贯；初学者主要发力肌群为上肢肌群，下肢肌群用力相对较少，而精进者则表现为力由下肢而生，传递于腰腹，最后达于上肢的过程。

## 第四节 角牛叠力养生功效

古往今来，大凡拳法能行于世而存百年者，乃以三个途径，即养生、击技和艺术之加工，此拳之生命也。“柔击术内功功法，外形内动。五脏六腑摩擦生热。里热透外，吐故纳新，血清气调，邪恶不存，尽排体外，如生疔疽，不日则消，故能祛病，身强力壮，伤消病愈，气血清顺，分泌正常，消化良好，吸收惊人，此为体通健身。”

有学者在对柔击术功法干预对改善骨密度流失疗效及安全性的系统研究中发现，对改善患者不同部位骨密度流失状态的临床疗效与安全性进行系统评析，并对其可能的作用机制进行了探索性分析，发现骨质疏松患者接受柔击术功法“角牛叠力”动作干预后，脊柱腰椎L2–4骨密度以及股骨颈骨密度改善方面均优于对照组，“角牛叠力”练习中尚未发现不良事件。当前证据发现，干预在特定人群（如老年人、骨质疏松人群、围绝经期与绝经后妇女）脊柱腰椎、股骨颈等部位的骨密度流失改善方面疗效明确，不良反应较少。鉴于纳入文献数量偏少以及研究本身局限性，有待开展高质量的、设计严谨的临床试验予以进一步验证。

## 第五节　角牛叠力竞技功效

柔击术功法的养生治病功效在前面几个章节已经略有叙述。这里主要想强调“角牛叠力”对于提高练习者竞技水平的作用。“角牛叠力”练习的技术中多采用以推、拉、旋为主要形式的较长时间的发力。练习者要时刻注意对方的力量变化，并顺势而为，借对方的力来实现力的倍增，并及时调整“长”劲攻防中的兵力部署，才能更好地做到更“长”的控制，实现力的叠加。

所谓知拳者，实乃知力也，知其然又知其所以然。因此，拳法之练在于力之剖视，以人体原在之能促成人体具备之能。拳法比较，是力之较量，应用得体以为拳。力之所生，所储，所发，所弃，在于用之得体而得法，法立为练拳之根本。循法日久，苦练精深，拳必自妙，应物自然，旧法逐没，新法顿生，法法交替，潜移默化，既法终无法。柔击术功法之“角牛叠力”的目的就在于解决对战技击过程中双臂悬伸不收，拦门把基，拳架点变发力的情况。所谓，双臂似钢条，出而不收、击之见劲。要求双臂悬伸微屈，靠身变带臂进退旋转，双发力擦紧不脱，慢用力，臂臂相擦。

为什么要“把门”？作用是什么？“把门”的意思是把住门位，不让外力近身，起防守进攻作用。这要求双臂：①势起成城；②拳距讨长；③力臂似铁；④出手不收；⑤相臂抗衡。名师出手城先起，庸手开捶不顾己，这里指的就是这个城先在自己力势范围内以双臂为铁架，在身前围起防线，让外力先在这个防线内抵抗消散。这个防线拳距按长计算，通过静基训练，使铁架韧性耐力增强，冲不破，打不败，以点基的圆心变之法，达到出手不收反弹点摩擦，形成在一个点上既守又攻。

为什么要慢用力？臂臂相擦不脱？慢运动，在双方力的相互压迫下，以相持张力，以肌肉在这个时间里充分缺氧，又大量地分泌体内乳酸，这样肌肉反复疲劳、补充，使双臂的白肌纤维产生，白肌纤维拉力强，耐力高，不易瘦退，爆发力也强。臂臂相擦，可以慢慢体会相持抗衡的力与意识的变化，为今后动作和意识的高速反应打下基础。本动作可以训练双臂力量的无数点位，与外力相接的点以及移向邻位的点，一个个点相弃相生，手臂与对方手臂不能脱离，也表明双臂每秒都能见力，力和意识不间断。

怎样做到出手不收发力？在双臂能够经得起外界冲击力的作用后，双臂就可以成为身体核心劲发力的传递工具，发自五脏六腑的劲力就可以带动手臂与外力相抗，并不是以手臂的单向力去与对方相抗衡。“手不收”指的是自己的手臂紧紧贴住或是锁住对方的手臂，用内劲将其“含”住。此外，“角牛叠力”还要进行推索，这里指手伸悬发力和身变发力两种。“拳不收手赖身腰，力能复始循圆周。突出双臂悬撑把门，达到双臂硬如铁架”。双方四臂交接，悬臂撑肘，用张弓之力使得双臂硬而不动，并且要保持双臂悬伸，使得在外力高速重击力冲击下能够迅速发弹，完成消力、击发，达到防守与反击的双重目的。双臂保持不收，不败而击，且叠力而增。

# 第十三章
# 柔击术之“千斤弹顶”

## 第一节　千斤弹顶释义

在太极拳中，我们知道有“千斤坠”的说法，即我们所看到的某太极大师表演的千斤坠，多位大力士联手都推不动的“武术奇观”。从力学的角度来看，这是多个力学原理的复合。关键的地方是根据对手的力量变化做出正确的反应，始终将对方的力量有效化解，双方的合力作用始终不超过摩擦自锁的角度，看上去是推不动的，其实一直在随着对方的变化而变化。要想“推动”对手，必须要比对方反应更快。当然遇到势均力敌的对手，这一招也不能很好地将对方击败。

柔击术功法中的“千斤弹顶”包含着同样的道理，只是随着双方进攻角度的变化而进行力的化解与对抗，从而达到很好的防守效果。“千斤弹顶”之“千斤”是形容力量之大，可以力达千斤；“千斤弹顶”之“弹”讲求一种弹抖之力，如软鞭一样，节节相逐撞击，发出弹力。这个弹力是由松紧组合，提高力的速度、弹簧的振频，从而使弹簧更加有力道；“千斤弹顶”之“顶”是指力的方向是向上顶出去。整体动作具有盘古开天辟地的意向。

如何弹顶千斤？力从何来？此处的力是指顶力。何为顶力？现代社会的学科土木工程技能考试中，顶力的意思是指管子顶进过程中所需的最大顶进压力，设计顶力一般根据理论或经验确定。实际上，顶力是根据千斤顶油压测定。我们从字面意思来看，“今不称九天之顶，则言黄泉之底，是两末之端议，何可以公论乎？”——《淮南子》。顶在这里即为最上部、前部。“倚柱弹其剑。”——《战国策·齐策四》。在这里，弹作弹击之意。弹顶即作向上弹击之意。顶力即是弹顶之力，向上发出的弹顶力。

那么弹顶的元件是什么呢？也就是说力的发动机是什么呢？柔击术讲究身体五张弓并且强调其功能，千斤弹顶的元件便涉及其中。双臂弓、双腿弓以及腰弓，通过身体这五张弓的应用，能够给对手施加反顶对抗的作用。

## 第二节　千斤弹顶动作要领

柔击术功法任何动作的练习，都有其起势动作的要求。柔击术之双人动作“千斤弹顶”也是如此。“千斤弹顶”强调的是防守，即能够很好地防御对方施加的压力。在“千斤弹顶”的过程中，强调的是防守方能够利用自己身体五张弓的力量去化解进攻方施加的压力，从而保护自身。因此“千斤弹顶”虽然是双人的配合练习，但是对于自身基本动作的练习要求非常高，因为这涉及到人体并不经常使用的姿势和力量。

## 一、起势动作

关于起势动作，对于从动方的要求如柔击术之“含胸归元”的要求大同小异。而对于主动方不仅要求做到“含胸归元”，并且要求将力施加在从动方手臂上，双方手接触点不可以动，必须紧紧吸附在一起。

所谓起势动作，即是脚趾抓地，脚心受力，双脚距离略比肩宽，然站立，脚尖朝前或稍向内扣，大腿呈现半蹲姿态，大、小腿角度约为135°，膝盖不要超过脚尖（腿特别长者可略微超过）。与扎马步不同之处在于，起势动作要求胯向前顶，臀部内收成紧致状态，背部向后呈现弓状，尽量含胸至背部肌肉拉伸开来并感受到张力，手臂弯曲抬至胸前，前臂交叉，上臂抬起至与肩部同高，掌心自然向下。目光前视，自然呼吸。此谓“千斤弹顶”之起势动作。另外，脚与地面的接触也很讲究，要求脚心受力，脚趾抓地，这样既稳固又可以贯通全身力道。最佳的站立姿势是身体重心与脚心在一条垂直线上，力量绕过小腿外侧，从大腿内侧而上直达胸前，与手臂的发力起点相合。

起势即是蓄势，蓄力之势。利用双腿弓、腰弓带动双臂弓，来实现力的传导。腰弓也称作身弓，含胸、塌腰、尾闾内收（向下、向前卷），是身弓形成的必要条件。“五张弓”中最重要的一张弓就是身弓。如何做好身弓呢？柔击术要求立身中正，我们的头顶百会穴应上领，下颌内收，两眼平视，颈椎自然竖起，若百会穴不领，下颌不收，加上含胸过度，则易产生驼背的现象。也就是说，只要百会穴真正领起来，驼背问题就自然解决了。接着就是胸与腹部相互合劲（胸腹之间的距离会缩短），要有向里包的感觉。只有胸含腹合，脊背才能拔长，劲力顺达，使背部有弹性，从而符合中医讲的“腹为阴，背为阳”的理论。在含胸塌腰的同时，尾椎要向上、向前卷，有点像犁地一样，此时，腹部自然合劲。也可以理解为，合腹是身弓形成的自然结果。初学者最易犯的毛病是撅臀，一撅臀，身弓便没有了，与人交手，不但周身没有合劲，而且身法不灵，学再多的技法都成了空谈。只有刻意地去敛臀（尾椎前卷），百会穴上领，命门穴后撑，才能形成身弓，便可解决撅臀的问题。

身弓一旦形成了，周身的协调劲才能有保证。腿弓蹬地产生的反作用力和手臂弓的力量都要经过身弓的分配。若身弓没了，便周身无协调劲，好像战场上失去指挥官，臂弓与腿弓成了散兵游勇，就不会形成战斗力。

## 二、动作要求

柔击术之“千斤弹顶”是配合练习，一人充当攻方角色（其实也是辅助方），一人充当防守方，进攻方通过手臂将力量施加在防守方的上臂之上，面对如此情况，防守方能够感觉到对方施加的压力，能够迅速将对方向上弹顶开来。

以单鞭为例。定势时，左右两臂就是双臂弓。臂弓的弓梢是手腕（指）关节和肩关节，弓背是肘关节。腕部下坐前捻，肘部一定要下坠，肩部下沉，手与肩部之间好像有一根弓弦紧紧拉住。切记手不要往前伸得过远，若手臂肘部拉直了，弓弦便断了。这种情况都可以导致臂弓失去掤劲，与人交手时易变为被动。肩关节是另一个弓梢，练习时要做到沉肩、拉肩。肩带的肩井穴下沉，肩部关节在肘关节下坠时往外拉开，腋下要空。只有做到了腋下空，肩关节才能够起落灵活，运转自如。这里应该注意的问题是：我们可以将自身的力通过两臂弓的弓背输送到手臂上攻击对方，对方也可以将他的力通过我的两臂弓弓背送到我的肩上，因此有"制人先制肩"的说法。在和他人对抗中，当我手臂受力时，肩是松沉的，只有这样，才能保证两臂弓的中正圆满，因为受力时只要一耸肩，身体的力与手臂的力就会脱节，掤劲迅速消减（图13）。

图13　"千斤弹顶"练习的侧面示意图

**动作要领**

一个人练压，一个人练顶，压的时候有节奏地慢慢往下，慢慢加力，顶的人马步扎稳。压的时候可以弯腰缓冲，顶上去的时候注意先把腰挺直，手臂再发力，否则腰部容易受伤。

下肢弓是双腿弓。腿弓的两弓梢是踝关节和胯关节，它们之间像是有一根无形的弓弦紧紧拉住，膝关节是双腿弓的弓背。这里脚趾要抓住地，只有抓住地了，踝关节才能稳定，我们的双腿弓才能更稳固。双腿弓的另外一个弓梢是胯。胯是腰和腿的结合部，这个关节要能固定，能放松弯曲，能旋转。

脚不要往前伸得过远，膝盖不要蹬直，若腿蹬直了，弓弦便也断了，因此，腿一般要屈膝，不可蹬直，否则会失去再次进攻的能力；夹角小于90°，便是弓背折断了，失去掤劲，也很容易造成膝关节受伤。膝是下肢的弓背，无论身体受力如何左右旋转，膝盖务必要定位（扣膝），这样我们的双腿弓才能始终不摇不晃，张弓饱满，顾盼轻灵。腿弓是五弓的基础，腿弓不在，则五弓皆不在。

## 三、练习方法

初练习时，一个“千斤弹顶”动作，每次能够持续练习达到3分钟，循序渐进，使每次练习时间能够到达10分钟，练习至自我实力感觉明显提升，手臂、腰腹核心力量大增，自我感觉身体强健，可继续练习柔击术其他动作。

## 四、练习感受

对大部分练习者而言，初始看似轻松自然，但随着对手施加的力量越来越大时，实则难度不小。“千斤弹顶”对身体的协调性、核心的稳定性要求很高，它特别强调五脏六腑的功能，在与双方抗衡一段时间后，会变得游刃有余，轻松自然，此时再提升自我修炼，恐怕需要更换对手，再次抗衡提升。练习一段时间之后的心情会特别舒畅，呼吸通畅，消化系统和血液循环系统更加强大。在练习中，要记得排除杂念，做到自然呼吸，解除中枢神经系统的疲劳。

### 五、动作注意要点

以肩、胸、腰、胯、膝、足为六大发力位，关节、韧带、肌肉群相互协调，在“千斤弹顶”练习中主发这六个位的力，带动双臂传递生效。

六大发力也称“身劲”，即利用身体上“九圆开合”生“弓”形搂腰功劲，化解对手之攻力，并组合成自己浑身之劲，以达到“九圆共振”。

### 六、易错动作注意

“千斤弹顶”强调力的源泉来自五脏六腑，也可称为身劲、内劲，通过五脏六腑、躯干核心的带动发力，从而带动肩部、手臂，实现力的传导。但是肩部、手臂等的配合既是顺势而为的结果，更有主动发力的趋势。因此“千斤弹顶”改变了以往习武者偏重某一方面的练习，如只练肢体动作花样，而忽视了身体核心力量以及五张弓的修炼这种情况。

## 第三节　千斤弹顶运动人体科学解读

“蓄势如张弓，发劲如放箭”。关于“身藏五张弓”的说法，是中国传统武术太极拳的论述，主要在于“内劲”的蓄势而发。中国传统武术表象上存在不同门派、不同形式、不同技法的分别，其实，所有功夫的核心都关注同一种类型的发力——“劲”。所谓天下武学本一家，柔击术的核心绝学自然也离不开身体五张弓，并且也完全可以用现代运动人体科学来解释清楚。然而现实可能比较可惜，很多传统武学精华往往只传给了历代掌门人和少数几个核心人物，从未普及于大众，也就导致了武学的神秘，有些时候也诞生哗众取宠之嫌。研究传统武术包括研究太极拳、柔击术，挖掘其有价值的内涵，摈弃其糟粕成分，为中华武术正本清源，确定科学的理论和方法并使之进入科学殿堂，已成为新时代发展传统武术的最佳出路之一。

## 一、内劲之道

从现代运动人体科学来看“内劲”的形成，是有其科学依据的。内劲，由站桩获得。站桩是传统武术中培育“内劲”的基础功法，也是打开神秘中华武术大门的钥匙。很多门派虽都有站桩，但却鲜有完整的公开系统、真实的站桩训练方法。柔击术的基本功也是站桩，只不过不同于其他武术门派的站桩姿势。只有通过站桩练出内劲，才能真正领会“身藏五张弓”的真正含义，从而感悟传统武术的精髓。

在柔击术功法里，获得内劲最好的方式便是练习基本动作之“含胸归元”和“涅槃重生”。的确，柔击术功法的每个动作都会用到起势站桩动作。站桩就是在肌紧张反射的基础上摆成特定姿势训练，对全身的主要肌肉的感受器肌梭施加牵拉刺激与肌肉紧张反射的重力对肌梭的非条件刺激在时间上相结合而形成一种弹力条件反射。这种弹力条件反射形成后，以特定的姿势用力牵拉肌肉感受器肌梭就可以被引出。引出弹力条件反射的反应，表现为肌肉内募集比肌紧张反射更多的运动单位的肌纤维进行强烈的交替收缩，而拉长更多肌肉内的弹性成分，弹性成分被拉长后可产生和蓄积弹性势能（这时肌肉就好比装上一根弹簧，或像拉长的弓箭一样）。利用这弹性势能发力，就可增加出击的力量和速度，这就是中华传统武术中内劲的基本科学原理。它就是肌肉的一种反射，就是肌肉内部的一种机械能——弹性势能。而传统武学家大都习惯于把这弹力条件反射（内劲）暗喻为“弓箭”，把“内劲”暗喻为“弓”，把“内劲”的蓄积和发放的动作隐晦地形容为“蓄劲如张弓，发劲如放箭”。

## 二、身体五张弓之力

“身备五张弓，五弓合一”也有一定的科学道理。现代体育理论运动生物力学认为，每个特定的动作都有其独特的力学结构。而根据人体运动器官的机能特征，可将人体划分为躯干、头部、颈部、四肢等几个运动环节，各肢体环节运动的不同组合，使人体完成千变万化的动作。“五张弓”“五弓合”实际是形容“内劲”的力学结构。按运动生物力学解释，全身大肌肉群建立“内劲”的运动划分为双上肢、双下肢、躯干五个分量较大的环节，这五个环节既可独立运动，也可组成一个整体，这便是“一身备五弓”的原理。首先把积蓄和发放弹性势能的肌肉比喻为弓，其次把全身划分为五个相对运动独立但又紧密联系的环节——“五弓”，最后把五个环节组合成一个整体发力动作，形容为“五弓合一”。而柔击术功法还把内劲发放形容为“劲起于脚跟，发于腿，主宰于腰，形于手指”。可见本套功法的创立者已经深刻认识到双手发力并不是上肢局部力量，而是全身整体发力集中在一点打出去。“五弓合一”，即五个环节要组合成整体，出拳动作要协调，要形成合力（掌握传统武术精髓技术内劲的李小龙，在1964年美国长堤空手道大赛中表演了单独出左拳和右直拳的动作，就分别阐述了“左手弓”和“五弓合一”）。柔击术功法中这些关于内劲的暗喻，在当时没有现代运动生物力学的理论指导的条件下，也暗含科学性，说明本派武术道法自然的真谛。但武术中粗糙的一句“身备五张弓”并没有把应该表达的意思全部说出来，只是一句具有深奥道理的形象语言。

## 三、反关节运动（旋转发力）

“千斤弹顶”强调上臂的反关节运动，与我们一般的运动关节运动方向不同，这也是验证了柔击术功法填补弱项的原则。反关节运动，即是以人体前进时膝关节的活动方向为参照，与之活动方向相反的关节结构称为反向运动关节结构。值得注意的是，生物界存在类似反向运动关节结构的动物有很多，如昆虫中螳螂的后足、鸟类的下肢等都是和人类行动时的关节运动方向相反的，其在构造上也与反向运动关节相同。所以这里需要特别指出，反向关节运动结构是一个广泛的生物学和机械设计学概念，其主要的意义是通过对生物生理结构的机械化模拟实现机械设计的创新。因此通俗地说，即把与人体前进时下肢膝关节活动方向相反的关节构造称为反关节结构。

在柔击术“千斤弹顶”的过程中，强调手臂的反关节运动，即一般情况下是手心朝上、手肘朝下，是我们的习惯性动作，然而柔击术之“千斤弹顶”强调双手搭在上臂上，手肘外翻向上，这样对方施加压力在我们的手臂上，我们便可以顺势而为，利用身体腰弓与腿弓之力将其迅速弹起远离我们的身体，反关节发力，强调肘关节旋而向上，利用肘关节旋转之力和身体抖腰之力，内劲将对手弹出我们身体的安全范围。

## 第四节　千斤弹顶竞技功效

柔击术的养生治病功效在前面几个章节已经详细述及。在这里主要想强调“千斤弹顶”对提升竞技水平的功能。

### 一、“千斤弹顶”的练习讲究悬臂

手是身体内劲传递的工具，在拳距上伸臂是增长拳限，在力臂上增强双臂力量。以双臂组成身体核心的铜墙铁壁，改进过去拳手不出节的伸屈状态为把门基打下坚实基础。依靠双臂浮沉开合的运动，让对方冲击力截在双臂之外，把住第二道防线。

### 二、何为跟手、追力

拳通过接触传递力，“跟手”就是接触传力，随时封住对方力量的传递，动传力威胁，不留间隙避免撞捶，锻炼双手的灵敏感应。“追力”，即紧跟对方力向和力速，便于在对方出手之时截住他，从而抑制对方拳的加速度，然后紧紧贴住对方的手臂不脱离，以便在对方力跟不上时用力进攻对方。

柔击术之“千斤弹顶”的目的，在于解决人体悬臂抗压上顶的实力与技巧，增长双臂防守进攻以及推索演变的能力，使双臂成为保护身体躯干的铁架作用，把住第二道攻防线——致人翻车覆舟的状态。

在遇到被对方双手抓住并正门冲击时，防守者只能运用双臂圆、双臂旋滚动，不让对方冲击近身，在双臂之间消力发力，以“九圆开合”式进行练习，在熟练的双臂开合基础上，由慢到快连贯滚动，造成九圆变化。为什么是“九圆开合”呢？以人体为主干的轴心带动双臂向左向右、前中后、上中下方向，形成立体式双臂开合运动，要求在人体周圆各个角度都能形成圆旋包围圈，同时又可以随意发力，则叫作“九圆开合”。在上臂起作用后，发挥前臂的旋转力动，形成六节连环手，进行封门夺位攻势。运动由手腕到肩部、上臂、前臂旋转，先转灵活协调后用力，对方不断攻击，防守方以双臂旋转缠身进内排出连贯不断，形成上、前臂统用在九圆位演变。

## 三、为什么要练习旋转发力

练就上、前臂在推索中连续不断地为把门基不收手打下扎实基础，另外旋转发力拒外敌于围手之中而不脱，使拳起势便点点能击。

## 四、什么叫作六节连环手

按双手划分六节，让各节都能独立击敌，在势起成围后，各节合为整。连环攻索，分为零，节节字战，进行你封我夺、我攻你防等。

# 第十四章
# 柔击术之“推波卸浪”

## 第一节 推波卸浪释义

“推波卸浪”是柔击术功法中比较重要的双人练习动作之一。动作创设之初，深受自然现象的启发。“推波卸浪”缘起于“推波助澜”，但却有相反的含义。隋·王通《文中子·问易篇》：“真君建德之事，适足推波助澜，纵风止燎尔。”因此，推波助澜是比喻从旁鼓动、助长事物（多指坏的事物）的声势和发展，扩大影响。而用于柔击术功法之“推波卸浪”则有化解声势与发展之意，指的是将对方发动的波涛之势（推力）化解成平静的水面（通过身体的变动将力传递到地面）。众所周知，波浪产生于水被风吹、石击而形成的涌动，指具有自由表面的液体的局部质点受到扰动后，离开原来的平衡位置而做周期性起伏运动并向四周传播的现象，通常是指江河湖海起伏不平的水面。“波”字意为“水皮”，即水面像动物皮那样有弹性地起伏；“浪”意为“狼尾形的水波”。在具体的辨析中通常认为，波为微小的浪，浪是巨大的波。我国古代对波浪的具象描写不胜枚举，最能够让人脱口而出的要数宋代著名词人苏轼在《念奴娇·赤壁怀古》之中所描绘的“乱石穿空，惊涛拍岸，卷起千堆雪”，这句词的意思是陡峭的石壁直耸云天，如雷的惊涛拍击着江岸，激起的浪花好似卷起千万堆白雪。苏东坡先生用他生动形象的笔触将大江之中波涛汹涌的浪花描写得活灵活现、淋漓尽致。自古以来，人们总是会对江海的雄伟壮丽无比眷恋欣赏，但又心怀恐惧。滔滔江水，连绵不绝，黄河泛滥，一发而不可收拾。江水不是一溪之水，波涛不似那涓涓细流，波涛的气势犹如气吞万里之虎，每一个波涛都有吞噬万物的威力。

柔击术功法之中所设计的动作大多受到了大自然之中各类事物的启发。而江河湖海在我们的日常生活中颇为常见，但又别具特色。波浪具有独特性，波浪在形成之时受海风的作用和气压变化等影响，促使它离开原来的平衡位置，发生向上、向下、向前和向后等方向的运动，这便形成了海上的波浪。波浪是一种有规律的周期性的起伏运动。当波浪涌上岸边时，由于海水深度越来越浅，下层水的上下运动受到了阻碍，受物体惯性的作用，海水的波浪一浪叠一浪，越涌越多，一浪高过一浪。与此同时，随着水深的变浅，下层水的运动，所受阻力越来越大，以至于到最后，它的运动速度慢于上层的运动速度，由于惯性，波浪最高处向前倾倒，摔到海滩上，成为飞溅的浪花。暴风浪具有特别的重要性。暴风浪是吹程相当大的特殊大风的产物；它们在一天里对海岸线的作用可能比普通盛行波浪在数周相对平静的天气里的作用更加明显。

唐代著名诗人李白在《行路难》中写道：“长风破浪会有时，直挂云帆济沧海。”李白写这句诗的意图在于表明，尽管前路障碍重重，也要乘长风破万里浪，挂上云帆，横渡沧海，到达理想的彼岸。故而这句诗表达了一种不畏艰险、勇往直前的精神，这恰恰与柔击术功法之中所蕴含的精神内核不谋而合。养生与竞技是一个人穷尽一生都应当坚持去做的事业，它会让你的一生受益无穷。但运动并不是一件一劳永逸的事情，一时半会儿的积极锻炼并不能够维系一生的健康，需要强大的恒心和毅力持之以恒地去做同一件事情。在坚持的过程中，势必会碰到许许多多的挫折与挑战，只有不惧艰险，才能乘长风破万里浪，实现自己心中的最理想状态。“长江后浪推前浪，一浪更比一浪高”。何师傅在创设“推波卸浪”动作时，正是被长江雄伟壮丽的景观所感染，受到了深刻的启发。武术动作不正是要像那长江之水一般一浪接着一浪，打得对手毫无还手之力吗？故而何师傅在这套动作之中融入了他自己的奇妙巧思，将这套武学动作演绎得融会贯通，并且充分挖掘出这套动作在养生治病、强身健体方面的独特功效。

## 第二节　推波卸浪动作要领

### 一、练习要求

“推波卸浪”这一动作为双人合练动作，需要两个人相对站立，双手互搭，配合练习。两个人中一个人主要练习攻，另一个人则主要练习防。在练习完多组动作之后，可以互相交换练习攻与防的动作。接下来将对攻和防进行区分，分别讲解攻和防之时的动作要领。

## 二、攻方动作要领

### （一）攻方起势动作

双脚分开，略比肩宽，大腿与膝关节呈135°左右半蹲，脚尖朝前稍内扣，膝关节不超过脚尖（腿特别长者可略微超过）。上半身保持“含胸归元”的状态，此时的背部是自然往外凸的，形成“弓”形，呈现圆弧状。双手自然抬起，与肩同高，手肘稍屈呈环抱状，背部自然拉开，胸部尽量内收，两肩骨节自然向前提。自然呼吸，随着动作的变化，胸肌做左右弧形下沉。当胸内含时，背部肌肉自然拉伸，双侧肩膀中间的脊骨鼓起上提。同时，双手自然向前伸展，掌心朝下，手掌摊开，五根手指微微向下弯曲（图14）。

图14 “推波卸浪”练习的侧面示意图

**动作要领**

一个人练习手臂像传动轴一样转圈，同伴的手始终压在他的手臂上阻止他做这个运动，用力适当。下压时弯腰含胸，向上时挺腰挺胸。

## （二）攻方动态动作

手部动作如同划船一般，双手从起势状态之时的与肩同高，开始逐渐向下做圆弧运动，左手呈顺时针，右手呈逆时针，双手各画一个圆形，这两个圆形在空间上互相平行。双手从起始位置开始，逐渐向下运动，最低到达与胯部同高，逐渐沿着腰部侧面向上攀爬，攀升至肩部之时，水平向前画圆弧，直至重新回到起始位置。背部和胯部跟随手部动作的变化而变化，随着双臂逐步升起并外展，在双臂上升的过程中，背部逐渐挺拔，胸膛逐渐向前挺起，肩膀不断向后扩展，臀部不断往上提。简言之，可以描述为挺胸、收腹、提臀。

当双手攀升至肩部之后，随着水平向前画圆弧之时，背部和胯部逐渐向起始状态进行还原。随着双手的下降，背部逐渐拱起，胸膛窝成一张弓的形状，慢慢回到“含胸归元”的状态。臀部往里收，腰部和胯部用力向前顶。从侧面进行观察，背部和臀部呈现波浪起伏之势，随着背部和臀部的运动，给人以一波未平一波又起之感。

在向前画圆弧的过程中，背部不断拱起，重新将胸膛含进去，胯部用力向前顶，这样便可以通过一个动态的过程，将双腿之力传送到上半身之后，通过手臂的推动来将力量如同浪花一般传送给对方，让对方感受到你所传达的力量。同时避免身体的僵硬以及反应能力的降低，将全身上下各个部分都柔起来，将胸含进去以避免身体重要躯干遭受直接攻击，从而达到防守的目的。在这一整套动作中，主要在于进攻之时将全身上下的力量通过手臂这一媒介来传送给对手，让对手必须集中思想、花费精力来将你所发出的力量化解掉，将更多的注意力集中在对你的防御之上，而无暇对你发动攻势。

## （三）攻方意识与呼吸

进攻一方必须做到思想集中，不得分神开小差，呼吸讲究自然均匀。全身放松，不可紧绷，切忌机械僵硬，将意识放在腹部的五脏六腑之上，依靠五脏六腑之力来带动四肢和躯干。

在进攻时要将自己想象成大海的浪花，一浪叠一浪，越涌越多，一浪高过一浪。进攻一方要充分相信体内的力量就如同浪花一样，可以不断地从脚底传送到手上，取之不尽，用之不竭，在体内有着无穷无尽的力量能够从手上发出，冲击对手，使之节节败退、溃不成军。

### （四）攻方常见错误动作

#### 1. 膝盖连带运动

“推波卸浪”这套动作，双腿要有蹲马步站桩的感觉，必须适当发力。在整个动作的动态过程中，手部、背部、胸部和胯部都在整体联动，但是下半身的膝关节必须保持不动。许多进攻者在相互之间的推力和卸力的过程中，全身上下都在起起伏伏，双膝时而弯曲时而直立，就如同青蛙蹬腿一般，这是非常不正确的。

膝盖弯曲下蹲且保持不动的情况之下，整个人的重心非常的稳定，容易控制，而如果膝盖直立，整个人则处于笔直站立的情况，这个时候重心就会变得非常高并且非常不稳定。重心只要一失去平衡，防守一方极有可能转守为攻，进攻一方则会被动受到攻击，有利局面很快转变为不利局面。所有的运动动作都讲究力从地起，当人的重心不稳之后，整个人就会失去平衡，而不能够很好地发力。

#### 2. 手部力量脱节

进攻方在发力之时过于注重手臂的盲目发力，在思想意识上没有对全身上下进行关注和控制，导致腿部的力量没有很好地通过腰胯部传送到手臂上来，在进攻的过程中过于依赖手臂和肩部去发蛮力、发死力，只有手部在参与力量的传送而忽略了下半身，这样的力量是脱节的。这种发力方式看起来进攻方已经用尽了全力，并且显得非常吃力，但实际上这样的发力方式是不得法且事倍功半的。

## 三、守方动作要领

### （一）防者起势动作

双脚分开，略比肩宽，大腿与膝关节呈135°左右半蹲，脚尖朝前稍内扣，膝关节不超过脚尖。上半身保持“含胸归元”的状态，此时的背部是自然往外凸的，形成“弓”形，呈圆弧状。双手自然抬起，与肩同高，手肘稍屈呈环抱状。背部自然拉开，胸部自然内收，两肩骨节自然向前提。自然呼吸，随着动作的变化，胸肌做左右弧形下沉。当胸内含时，背部肌肉自然拉伸，双侧肩膀中间的脊骨鼓起上提。同时，双手自然向前伸展，掌心朝下，手掌摊开，五根手指微微向下弯曲。防守一方要将自己的手掌轻轻地搭在进攻一方的手掌背面之上，双手必须呈放松状态，不可将手指内扣抓住对方的双手。

### （二）防者动态动作

手部动作如同划船一般，双手从起势状态之时的与肩同高，开始逐渐向后水平做圆弧运动，左手呈逆时针，右手呈顺时针，双手各画一个圆形，这两个圆形在空间上互相平行。双手从起始位置开始，逐渐向后运动，之后最高到达与肩部同高，逐渐沿着腰部侧面向下滑落，滑落至胯部时，向前伸展画圆弧，直至重新回到起始位置。在整个动态过程中，防守一方的双手都不可以离开进攻一方的双手。背部和胯部跟随手部动作的变化而变化，随着双臂逐步升起并外展，在双臂向后回收画圆弧线的过程中，背部逐渐挺拔，胸膛逐渐向前挺起，肩膀不断向后扩展，臀部不断往上提，简言之，可以描述为挺胸、收腹、提臀。

当双手沿着腰部侧面向下滑落之后，随着双手回收至胯部的过程中，背部和胯部逐渐向起始状态还原。随着双手的上升，背部逐渐拱起，胸膛窝成一张弓的形状，慢慢回到“含胸归元”的状态。臀部往里收，腰部和胯部用力向前顶。从侧面进行观察，背部和臀部呈现波浪起伏之势，随着背部和臀部的运动，给人以一波未平一波又起之感。

在向前画圆弧的过程中，背部不断拱起，重新将胸膛含进去，胯部用力向前顶。这样便可以通过一个动态的过程，进攻一方将双腿之力传送到上半身之后，通过手臂的推动来将力量如同浪花一般传送给防守一方，而此时防守一方应当将这股力量卸到脚底下。同时避免身体的僵硬以及反应能力的降低，将全身上下各个部分都柔起来，将胸含进去，以避免身体重要躯干遭受直接攻击，从而达到防守的目的。在练习防守动作的过程中，必须集中思想，花费精力将进攻方传输过来的力量化解掉，将更多的注意力集中在防御上，要充分感受到双臂将进攻方的力量接到手掌之上，继而通过手臂、肩部、腰部、胯部、腿部传送到脚底。

### （三）防者意识与呼吸

防守一方必须做到思想集中，不得分神开小差，呼吸讲究自然均匀。全身放松，不可紧绷，切忌机械僵硬，将意识放在腹部的五脏六腑之上，依靠五脏六腑之力来带动四肢和躯干。

在防守时要将自己想象成海边的礁石，任由那汹涌澎湃的海浪滔滔不绝地拍打着你，但你总是能够从容应对，将海浪带来的冲力完全化解，不会给你带来任何的损伤。防守一方的双脚犹如礁石一般深深地插陷在海底的泥沙中，无论大海的浪花是如何一浪更比一浪强，你的双脚也如同礁石一般岿然不动。

## （四）防者常见错误动作

### 1. 盲目发力对抗

“推波卸浪”这套动作，对“推”和“卸”这两个过程要求极高。防守一方在进行防守时要将对方传递的力量通过身体的运动将力量卸到脚底下，从而化解掉冲击力。许多防守者在接收到进攻一方传送过来的力时，也盲目地进行发力，用自己的力量去对抗进攻方，这是一种错误的练习方式。常言道：“他强由他强，清风拂山岗。他横任他横，明月照大江。”“推波卸浪”这套动作的要义是无论敌人如何强猛、如何凶恶，尽可当他是清风拂山，明月映江，虽能加于我身，却不能有丝毫损伤。他自狠来他自恶，我自一口真气足。只有这样，“推波卸浪”这套动作才能真正达到练习的效果。

### 2. 双手手指紧扣

防守一方应当将自己的手掌轻轻地搭在进攻一方的手掌背面之上，双手必须呈放松状态。但防守一方如果将手指内扣抓住对方的双手，就会使进攻方不能很好地发力，防守一方也不能对卸力进行很好的练习，这套动作的练习效果便没有达到。

## 第三节　推波卸浪运动人体科学解读

“推波卸浪”这套动作非常强调核心力量的带动发力。“核心”即人体的中间环节。核心肌肉一般分布在人体重心周边位置，如肩关节以下、髋关节以上的位置，也包括骨盆，它是由腰、骨盆、髋关节形成的一个整体。核心肌肉群在人体中起着重要的作用，如担负着稳定重心、传导力量等，是整体发力时需动用的主要环节，在人体运动过程中，对上下肢的活动、关节变化等有着承上启下的枢纽作用。核心肌肉的强与弱，直接决定着个体对运动中的身体姿势控制、运动技能和专项技术动作的掌握情况，核心肌肉越强，动作越稳定。“推波卸浪”动作尤其对肱二头肌和肱三头肌具有很好的锻炼效果。人体的上肢主要承担提拉、搬运以及精细活动等任务，由于上肢不承重，很少得到应力的刺激。然而上肢力量与人们的日常生活能力密切相关，如需强壮上肢骨骼增强骨密度，该动作则是一个不错的选择。此外，“推波卸浪”动作对下肢肌如股二头肌、股四头肌等都有很好的锻炼，对于中老年人来说，良好的下肢肌肉力量是提高身体平衡能力，保持身体稳定性，降低摔倒概率的关键。因此，老年人经常练习该动作，还可以增强下肢各肌肉群的肌力，具有很好的健身价值。

当足底振荡增大时，会相应地提升呼气量，并降低呼吸频率，“推波卸浪”的动作轨迹可适当使足底振荡增大，从而更好地加大胸廓活动的幅度，增强肺泡弹性，提高呼吸肌，进而达到改善肺部通气量以及提高肺的换气能力。实践证明，“推波卸浪”动作在相互作用的过程中容易造成胸腹高压腔，使得脊柱轴向压力减小，进而达到保护椎骨和椎间盘的作用。这就充分展示了“推波卸浪”的呼吸方法对腹内压的影响可能会改变脊柱的承载特点，从而增加对振荡的缓冲作用，使得脊柱损伤概率降到最低。另外，“推波卸浪”动作在防守卸力的过程中可以放松臀部和腰部肌肉，使臀部肌肉向外下方舒展，然后向前、向内收敛，好似臀部把小腹托起。此动作有利于武学中气沉丹田的要求。

整个动作过程中，要求练习者身体的动态起伏较大，脚蹬地上步，重心移动显著，下肢肌肉参与运动，身体做功也较多，说明该动作中腿部负荷相对较大，尤其对老年人的活动能力的改善和防治骨质疏松有良好的效果。发力的顺序是从脚下传到腰腹再到上肢，从某种程度上说这也是“推波卸浪”动作适合老年人练习的一个原因，因为通过这样的练习，老年人的指端神经末端能力得以提高，从而能够预防生活中不必要的损伤。

## 第四节　推波卸浪养生功效

### 一、改善呼吸系统功能

“推波卸浪”动作能够更好地加大胸廓活动的幅度，增强肺泡弹性，提高呼吸肌，进而改善肺部通气量以及提高肺的换气能力。在每一个动作中，都交替进行挺胸和含胸，随着肋骨的张开，自然呼吸的需氧量也会逐渐增加，身体的运动不断消耗热量，耗氧量也不断上升，人体需要将更多的氧气吸入体内才能够维持身体运动所需要的氧量。氧的节省还可减轻呼吸系统的负担，并减少呼吸肌本身的耗氧量，胸腹肌放松利于膈肌更好地舒张。

## 二、防治骨质疏松

“推波卸浪”动作使主要下肢肌如股二头肌、股四头肌等都得到很好的锻炼。这套动作对于上了年纪、患有骨质疏松症的老年人来说帮助很大，能够增强骨头中的含钙量。对于中老年人来说，良好的下肢肌肉力量是提高身体平衡能力、保持身体稳定性、降低摔倒概率的关键。这套动作下肢肌肉参与运动，身体做功也较多，对老年人活动能力的改善和防治骨质疏松有良好的效果。发力的顺序是从脚下传到腰腹再到上肢，因此，老年人经常练习该动作，还可以增强下肢各肌肉群的肌力，具有很好的健身价值。

# 第十五章 柔击术之“飓风螺旋”

## 第一节　飓风螺旋释义

《海康书事》：“一雨复一阳，苍茫飓风发。怒号兼昼夜，山海为颠蹶。”

宋代诗人秦观在诗歌中写出了“飓风”的现象，用怒号来形容狂风的肆虐，用“颠蹶”来形象刻画飓风到来时那种天崩地裂的莫大威力。将飓风的威力刻画得淋漓尽致。

飓风是自然界最大力量之一。飓风是由于热空气与冷空气的相交所产生的旋转力。飓风的生命周期分为孕育阶段、初始阶段、发展（增强）阶段、成熟阶段、消亡阶段。飓风的特点之一在于螺旋式旋转，特点之二在于其巨大的能量，犹如波浪式上升。

“飓风螺旋”主要以拳为主，在出拳阶段也分为孕育阶段、初始阶段、发展阶段、成熟阶段、消亡阶段。“飓风螺旋”主要以出拳为主，出拳要三者合一带着巨大的能量，犹如蓄势待发的飓风。孕育阶段“飓风螺旋”动作的“起”，讲究身体协调放松，站姿呈含胸归元之势；初始阶段关注“飓风螺旋”动作的“形”，身形、手型、脚型三者规范；发展阶段在于“飓风螺旋”动作的“气”，蓄全身之气蓄在胸腔；成熟阶段注重“飓风螺旋”动作的“力”，将内力全部蓄于拳中；消亡阶段就是“飓风螺旋”动作的“击”，打中对手，回到孕育阶段。

“飓风螺旋”出拳的优势在于其力量、速度与旋转。旋转出拳可以增加力量和保护手腕，旋转出拳会具有更大的爆发力，侧着更能保护手腕不受伤。更快速的反应时间，从防守转换到击打姿势速度更快。旋转出拳的角度和其他的技术不同，利用旋转可以提高击打的灵活性。

## 第二节 飓风螺旋动作要领

### 一、双人对练基本动作

甲：作为攻击方。

乙：作为防守方。

甲乙两人相对而立，双方皆做起势动作，双脚与肩同宽，呈“含胸归元”之态。

甲方前臂与上臂呈90° 放置在身体两侧，将五脏六腑力量蓄到拳中，上臂带动前臂向前，此时拳心向上，当上臂与身体呈45° 时，手肘外翻，左臂前臂内，手肘旋转向下，拳心向下，用力向乙击去。

乙方：顺势双肩肩胛骨用力后收，将甲方的击力卸于脚下，再顺势蓄力（手与肩为同一方向）。在甲准备出掌时，乙应屏气，绷紧上半身肌肉，当甲击中时左肩微向后仰，利用肌肉紧绷和后仰，将甲所击力量释放出去。

若力量过大，可适当调整身体后仰程度，若再大可适当挪动脚步。左右手可以交替练习（图15）。

图15 “飓风螺旋”练习的侧面示意图

## 二、练习方法

在练习时以拳面为着力点，是在中近距离上对敌头、胸、腹、肋部进行攻击的技法。出拳时主要用于攻击胸、肩、腹部，依靠肩与身体的夹角控制出击的部位。

左直拳动作要领：在出左拳时，双脚脚掌用力抓地，在此基础上，左脚掌蹬地，身体成含胸蓄势，稍向右转，左膝内扣，左脚跟提起外摆。同时左前臂内旋，拳心向下，拳向前直线击出，拳略高于肩，手臂迅速完全伸直，拳力点在拳面。击出后，迅速将拳直线收回，成准备姿势。

右直拳的动作要领：在出右拳时，双脚脚掌用力抓地，在此基础上，右脚蹬地，身体向左转髋转体，右膝内扣。同时右前臂内旋，拳心向下，拳向前直线击出，拳略高于肩，手臂迅速完全伸直，着力点在拳面。

1. 整体力：对直拳而言，一是臂的伸展，二是肩的旋转，三是胯的旋转，四是屈膝前移。这四个力要同时走、同时停，才能合为一体，才能构成运动系统的整体合力。再通过内功修炼，加上五行的发力，直拳的打击力还要增加。

2. 收缩力：对直拳而言，可借用器械等方法，对臂的伸展力、肩的旋转力、屈膝前移的推进力，进行负重训练。收缩力增加，以适应前冲所承受的阻力。

3. 耐力：对出拳而言，在具备整体力、收缩力的基础上，不停地发力打空拳、沙袋、拳靶，一次打10分钟，休息1分钟，再打10分钟。若能连续打3个10分钟以上：

（1）前臂支撑拳头。肘部保持在拳头延长线位置上，肘部必须跟上拳头，以保证对击打的支撑。

（2）旋转整条胳膊并快速抬起肘部。旋转出拳就是快速地把肘部提起来。水平出拳会引起整条手臂旋转，肘部抬升得更快，即使你的手臂还没完全伸展开，出拳也会更有力量。

（3）抬高肘部，绕过对手。除了提升力量和保护自己，有时候旋转出拳也是突破对手防守的唯一途径。旋转出拳技术会使你的肘部以一个角度向外抬起，这就能让你的拳头绕过对手的防守。

“飓风螺旋”会使你的肘部从向下的姿势迅速地向上抬起，并且旋转着打出最大的力量。

## 三、注意事项和要点

1. 旋转整条手臂、肩膀、肘部和拳头。不要光旋转拳头，要记住整条手臂都要旋转，特别是肘部和肩部。当手臂支撑你的出拳时，肘部会快速地打开，学会用肘部和肩膀快速旋转出拳，尽量放松胳膊，直到完成旋转的动作。

2. 用背阔肌和肩膀来带动拳头的旋转。用手臂后面最有力的肌肉做到旋转出拳，主要就是利用肩部肌肉和背部肌肉。转动前臂和肘部，拳头自然就会随之旋转。放松手臂后用背阔肌和肩膀发力。发力正确，感觉有力度的旋转出拳。

## 四、延伸练习

### （一）“飓风螺旋”之摆拳

摆拳是横向攻击的拳法，主要用于攻击敌方头部侧面及颈部。

左摆拳动作要领：上体稍向左转，随即身体向右转髋转体，左膝内扣，左脚跟提起外摆。同时，左臂上抬与肩平，左肘弯曲约130°，拳心向下稍向外，拳面向右，拳由左侧弧线向右摆击。拳不超过身体中线，上体转身不超过90°，着力点在拳面。右拳护颌，两眼目视攻击方向。击出后，迅速将拳收回，成格斗势。

右摆拳动作要领：身体向左转髋转体，右膝内扣，右脚跟提起外摆。同时，右臂上抬与肩平，右肘弯屈约130°，拳心向下稍向外，拳面向左，拳由右侧划弧线向左摆击。拳不超过身体中心线，上体转身不超过90°，拳力点在拳面。两眼目视攻击方向。击出后，迅速将拳收回，成格斗势。

要求：转体带拳摆击迅猛，击打力量大，身体重心稳。

### （二）“飓风螺旋”之勾拳

勾拳是由下向上攻击的拳法，主要攻击敌方下颌及腹肋部。

左勾拳动作要领：上体稍向左下转，左腿微屈，重心稍下沉，左臂弯曲约90°。随即左脚掌蹬地，挺身向右转体，带动左拳由下向前上方勾击，勾击高度约与下颌同高，着力点在拳面。两眼目视攻击方向。击出后，迅速将拳收回，成格斗势。

右勾拳动作要领：上体稍向右下转，右腿微屈，重心稍下沉，右臂弯曲约90°。随即右脚掌蹬地，挺身向左转体，带动右拳由下向前上方勾击，勾击高度约与下颌同高，拳力点在拳面。两眼目视攻击方向。击出后，迅速将拳收回，成格斗势。

要求：转体带拳勾击迅猛，发力短促。

延伸练习均在“飓风螺旋”本体动作上进行拳法角度的改变，但均强调力量、速度、旋转三者有机统一。

## 第三节　飓风螺旋运动人体科学解读

运动系统主要由骨和骨骼肌等组成。骨的形态有长骨、短骨、扁骨和不规则骨。在力学上来讲，骨可称为杠杆。骨连结是由骨与骨之间的纤维结缔组织、软骨或骨相连构成的，分为直接连结和间接连结。直接连结是两骨相对骨面或相对缘借纤维结缔组织或软骨直接相连，其间无空隙，运动范围小，不能运动；间接连结是两骨相对骨面互相分离，仅借周围的结缔组织互相连结，其间有空隙，有较大的活动性，此又常称为关节。人体大多数骨连结都是以关节的形式存在。不论直接连结或间接连结，在力学中都可称为枢纽。运动系统的肌肉均属骨骼肌，其形态有长肌、短肌、扁肌和轮匝肌4种。长肌分布于四肢，收缩时肌腹显著缩短，运动幅度较大。短肌多分布于躯干深层，具有明显的节段性，收缩时运动幅度较小。扁肌多分布于胸、腹壁，除运动功能外，还兼有支持和保护内脏的作用。轮匝肌多分布在身体孔裂周围，收缩时可以关闭孔裂。

人体关节的运动可分为屈伸、内旋、外旋和环转，关节运动的特点是以关节为支点，进行某一部分的运动。拳由心发，力由地发。下肢站稳，保障自身平衡，出拳有力。出拳由腿蹬、转动腰腹力量、传递到肩，再送肩出拳。拳的力量大小主要看腰腹肌的转体，腹肌与竖脊肌都是下固定扭转运动，使脊柱水平扭曲，移动重心向前。力量从脊柱传递到肩膀，三角肌前束发力使肩关节屈，肱三头肌发力使手臂伸直，前臂肌群发力使前臂内旋。这是每个肌肉的运动过程。每个动作之间都是需要无缝衔接，这样力量通过各个关节进行传递可以加强。重心的移动也很重要，出拳打击不仅仅靠自身肌肉力量，也要加上自身体重，最后加上旋转的力量，三合一才能达到最好的效果。

1. 背阔肌：背阔肌以肌肉下固定在肩关节做肩关节伸与肩关节内收。

2. 胸大肌：胸大肌以肌肉近固定在肩关节做肩关节水平屈。

3. 三角肌：三角肌以肌肉上固定在肩关节做肩关节屈与肩关节水平伸（三角肌使肩关节屈使用了肌肉前束，肩关节水平伸使用肌肉后束）。

“飓风螺旋”正是我国原传实战武学之整体劲力的体现，即通过关节与关节之间的韧带拉伸，来调动以肌肉为动力、骨骼为杠杆、以关节为枢纽的力的有序连接和释放。“飓风螺旋”展现出柔击术本力的特征。本力是自身所具备的力量，一方面是遗传因素，即天生的神力；另一方面是通过一定的训练使肌肉纤维增粗，收缩力增强。人体肌肉纤维的收缩力若集中在一起，可以拉动5吨重的卡车，就是说人体肌肉纤维的拉力是很大的。平常我们所用的是分散的力，只用了整体力的一小部分，如果把整体力都聚集在直拳上，能把同级别的人打飞出去。整体力主要通过生理运动力学发挥出来。

## 第四节 飓风螺旋养生功效

### 一、促进腿部肌肉，强壮核心肌群

很多研究指出，生长荷尔蒙对增肌过程非常重要，透过训练腿部肌肉，可以刺激更多生长荷尔蒙的释放。而脚部训练在柔击术中是相当重要的。因此，我们可以透过柔击术使生长荷尔蒙更加活跃，从而刺激肌肉生长。

除此以外，很多人以为核心肌群就是6块腹肌，其实当中还包括多组稳定性肌肉，核心肌群是身体发力的基础，在“飓风螺旋”的动作中，提倡含胸，讲究内力，都有助于核心肌群变得更加强壮。

### 二、精气的滋养，缓解压力

“飓风螺旋”在发力中讲究快、准、狠，对于神经的专注能力要求很高。神经系统对体内各器官、系统的功能活动，具有控制调节的作用。“飓风螺旋”的冲击力是建立在本力、速度的基础上，由神经的调动、神经的兴奋，思维对目标的准确判断构成。肌肉的收缩力与神经的兴奋度有关。神经的兴奋强度与肌肉的收缩力成正比，神经越兴奋，肌肉的拉力就越大，也意味着出拳的穿透力越大。练拳实为精神调动形体的能力，有助于精气的滋养，缓解压力。

## 三、增强肌肉的收缩

人体肌肉具有伸展性、弹性和黏滞性。肌肉在外力牵拉或负重的作用下可以被展长，称为伸展性，外力取消时又能恢复原状，称为弹性。利用肌肉的这一特性，在意识的调控下，通过肢体之间的适度对向用力，使肌肉、骨骼产生对拉互争的运动，提高肌肉的伸展性、弹性，增强肌肉的收缩力，在突出用意的调控和绵缓松柔的状态下，练出的是一种有弹性的劲。

## 四、增强心肺功能

“飓风螺旋”的练习强度适中，但涉及全身的练习，在练习时需要使用拳、手肘、膝、脚，此外，攻击范围更包括近、中、远，身体在训练中需要以不同速度、力度及节奏活动，因此练习该动作能够增强心肺功能。心肺功能好，首先能够加快肌肉恢复及生长，因为心脏及血管状态好，血液能将更多养分带至全身，同时也将更多代谢废物带离身体。其次能够增强免疫力，最后有助于分泌胺多酚，可以减压，并有助于身体在晚间入睡时更易修复肌肉。

# 后记

柔击术所传承的身体练习奥秘，是通过对大自然各种表现形式进行观察而领会的。对飞鸟、虎豹等动物的娴熟观察产生了柔击术基本动作，何明清师傅悟出其中奥秘，而本书则进行了系统诠释。在柔击术基本动作践行中，我们调整自己对洞察的态度，将柔击术定位于“生命的加油站”，成为一种体育健身技能。这也正是在全民健身背景下研究和推行柔击术的初始动机。

在柔击术研究和练习过程中，懂得其间蕴含的理论知识大有裨益，尤其是我们的探究中也包括了运动人体科学的基本原理。为什么柔击术讲究呼吸自然？为什么柔击术不依靠任何器械？为什么柔击术注重五脏六腑的锻炼？其中奥秘皆来自大自然的旨意。如果我们追求健康、渴望进步，都将面对这一既个人化又广泛存在的问题。

柔击术为传统武学研究提供了最真实的素材，它植根于对人类生命力量如何通过朴实的身体运动来表达和强化自己。柔击术兼具古太极、鸟迹拳等门派之大成，也来自数万名追随者长达数十年的躬身践行。本书提供对柔击术健身实践的导览，并描述健身功效和产生洞察的基本过程。我们不仅提供初、中级柔击术基本动作的练习手册，并且为所有柔击术动作练习提供坚实的理论基础。

因为柔击术练习强调脏腑与经络之间的关系，所以我们要特别注意这两个系统。柔击术根据其与脏腑和经络之间的关系去审视身体力量与生命健康，从而成为柔击术运动人体科学研究的基础。此外，我们尊重源于自然和动态关联的基本哲学，因此不会罗列长期练习这些姿势会获得哪些具体的功效。

濮玉未彰，以待时日。